華志文化

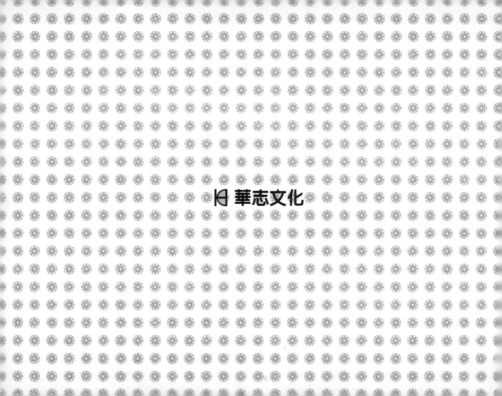

序

　　這是一本可以隨身攜帶的「易占」小小工具書，可免除初學者要花很多時間及精力去背誦記憶太多的條目內容。是初學者可以隨時隨身查閱參考的必備工具書，至於對「易占」很有研究的讀者也可以比對參照。

　　由於現代人要學要記的東西太多，所以就現代人的需要重新加以整理編排，以便於攜帶查閱是為本書的重點。希望藉此以省去強記強背的困擾和時間，只要通曉其中的方法和義理，用到時再來翻查工具書即可。

　　本書採用「撲克牌占卜記法」遞增及〔69 表示法〕遞減編排，方便占卜查閱，讀者可以直接由撲克牌占得之數，或由「金錢卦」占得（69）之數查閱。另附〈卦序與撲克牌數及 69 表示法速查

表〉可由原易經**卦序**查對「撲克牌數」或「69 表示法」。

　　「易占」只是《易》學的其中一項課程而已。學《易》可以訓練自己能從全面的、整體的去思考人生問題，依問題去發揮自己的思考力，從不同方向、不同的角度、不同條件、不同的方法去思考問題、解決問題。如果客觀條件十分明顯，數據十分充足，而占卜出來的卦象與客觀條件事實不符，仍以客觀條件來做決策，而不可迷信卦象，以免誤人誤己。卜卦只是在猶豫不決，條件不明時的另一種參考。所謂「善為易者不占」，「盡信書不如無書」。

　　《易經》為群經之首，是中國自古幾千年已來的哲學思想根源，是歷年來先聖先賢的集體創作。此《易占隨身手冊》雖談不上是筆者個人的完全創作，但有一些是筆者自己重新整理編排的，例如「**撲克牌占卜記法**」及〔**69 表示法**〕的排序編法，在市

面上卻是少見。由於筆者才疏學淺，疏漏錯誤之處在所難免，還請各方賢達前輩不吝指正。最後要感謝德威國際文化事業公司全體同仁的協助和努力，謝謝。

蘇勝宏

目錄

表一、撲克牌數及 69 表示法與卦序速查表

☀（撲克牌數）－卦序－〔69 表示法〕

（1-1）- ䷀ **01** 乾　- 〔999999〕　　（1-7）- ䷙ **26** 大畜 - 〔999669〕

（1-2）- ䷪ **43** 夬　- 〔999996〕　　（1-8）- ䷊ **11** 泰　- 〔999666〕

（1-3）- ䷍ **14** 大有 - 〔999969〕　　（2-1）- ䷉ **10** 履　- 〔996999〕

（1-4）- ䷡ **34** 大壯 - 〔999966〕　　（2-2）- ䷹ **58** 兌　- 〔996996〕

（1-5）- ䷈ **09** 小畜 - 〔999699〕　　（2-3）- ䷥ **38** 睽　- 〔996969〕

（1-6）- ䷄ **05** 需　- 〔999696〕　　（2-4）- ䷵ **54** 歸妹 - 〔996966〕

（2-5）- ䷼ **61** 中孚 - 〔996699〕　　（3-6）- ䷾ **63** 既濟 - 〔969696〕

（2-6）- ䷻ **60** 節　 - 〔996696〕　　（3-7）- ䷕ **22** 賁　 - 〔969669〕

（2-7）- ䷨ **41** 損　 - 〔996669〕　　（3-8）- ䷣ **36** 明夷 - 〔969666〕

（2-8）- ䷒ **19** 臨　 - 〔996666〕　　（4-1）- ䷘ **25** 无妄 - 〔966999〕

（3-1）- ䷌ **13** 同人 - 〔969999〕　　（4-2）- ䷐ **17** 隨　 - 〔966996〕

（3-2）- ䷰ **49** 革　 - 〔969996〕　　（4-3）- ䷔ **21** 噬嗑 - 〔966969〕

（3-3）- ䷝ **30** 離　 - 〔969969〕　　（4-4）- ䷲ **51** 震　 - 〔966966〕

（3-4）- ䷶ **55** 豐　 - 〔969966〕　　（4-5）- ䷩ **42** 益　 - 〔966699〕

（3-5）- ䷤ **37** 家人 - 〔969699〕　　（4-6）- ䷂ **03** 屯　 - 〔966696〕

（4-7）- 　27 頤　-〔966669〕

（4-8）- 　24 復　-〔966666〕

（5-1）- 　44 姤　-〔699999〕

（5-2）- 　28 大過 -〔699996〕

（5-3）- 　50 鼎　-〔699969〕

（5-4）- 　32 恆　-〔699966〕

（5-5）- 　57 巽　-〔699699〕

（5-6）- 　48 井　-〔699696〕

（5-7）- 　18 蠱　-〔699669〕

（5-8）- 　46 升　-〔699666〕

（6-1）- 　06 訟　-〔696999〕

（6-2）- 　47 困　-〔696996〕

（6-3）- 　64 未濟 -〔696969〕

（6-4）- 　40 解　-〔696966〕

（6-5）- 　59 渙　-〔696699〕

（6-6）- 　29 坎　-〔696696〕

（6-7）- 　04 蒙　-〔696669〕

（6-8）- 　07 師　-〔696666〕

（7-1）- ䷠33 遯 -〔669999〕

（7-2）- ䷞31 咸 -〔669996〕

（7-3）- ䷷56 旅 -〔669969〕

（7-4）- ䷽62 小過 -〔669966〕

（7-5）- ䷴53 漸 -〔669699〕

（7-6）- ䷦39 蹇 -〔669696〕

（7-7）- ䷳52 艮 -〔669669〕

（7-8）- ䷎15 謙 -〔669666〕

（8-1）- ䷋12 否 -〔666999〕

（8-2）- ䷬45 萃 -〔666996〕

（8-3）- ䷢35 晉 -〔666969〕

（8-4）- ䷏16 豫 -〔666966〕

（8-5）- ䷓20 觀 -〔666699〕

（8-6）- ䷇08 比 -〔666696〕

（8-7）- ䷖23 剝 -〔666669〕

（8-8）- ䷁02 坤 -〔666666〕

壹、基本觀念

易經概念及數學觀念

易經概念及數學觀念										
太極	☯太極						$2^0=1$	點	座標	（易占表示法）
兩儀	⚋ 陰 負			⚊ 陽 正			$2^1=2$	線	← - + →	← 6 9 →
四象	⚏ 老陰-六	⚎ 少陽-9	⚍ 少陰-6	⚌ 老陽-九			$2^4=4$	面	少陽 老陽 / 老陰 少陰 x	9 y 九 / 六 6 x
八卦	☷	☶	☵	☴	☳	☲	☱	☰	$2^3=8$	體	
	坤	艮	坎	巽	震	離	兌	乾			
	地	山	水	風	雷	火	澤	天			
	母	少男	中男	長女	長男	中女	少女	父			
	8	7	6	5	4	3	2	1			

六十四卦：

坤（地）	艮（山）	坎（水）	巽（風）	震（雷）	離（火）	兌（澤）	乾（天）	上卦下卦
11.地天泰	26.山天大畜	5.水天需	9.風天小畜	34.雷天大壯	14.火天大有	43.澤天夬	1.乾爲天	乾（天）
19.地澤臨	41.山澤損	60.水澤節	61.風澤中孚	54.雷澤歸妹	38.火澤睽	58.兌爲澤	10.天澤履	兌（澤）
36.地火明夷	22.山火賁	63.水火既濟	37.風火家人	55.雷火豐	30.離爲火	49.澤火革	13.天火同人	離（火）
24.地雷復	27.山雷頤	3.水雷屯	42.風雷益	51.震爲雷	21.火雷噬嗑	17.澤雷隨	25.天雷無妄	震（雷）
46.地風升	18.山風蠱	48.水風井	57.巽爲風	32.雷風恆	50.火風鼎	28.澤風大過	44.天風姤	巽（風）
7.地水師	4.山水蒙	29.坎爲水	59.風水渙	40.雷水解	64.火水未濟	47.澤水困	6.天水訟	坎（水）
15.地山謙	52.艮爲山	39.水山蹇	53.風山漸	62.雷山小過	56.火山旅	31.澤山咸	33.天山遯	艮（山）
2.坤爲地	23.山地剝	8.水地比	20.風地觀	16.雷地豫	35.火地晉	45.澤地萃	12.天地否	坤（地）

六爻名稱：

重卦有六爻，各爻名稱由下而上稱為：初爻、二爻、三爻、四爻、五爻、上爻，陽為九（9）、陰為六（6）。

例如「乾卦」六爻皆陽，由下而上稱為：初九、九二、九三、九四、九五、上九。「坤卦」六爻皆陰，由下而上稱為：初六、六二、六三、六四、六五、上六。

名詞解釋

一、爻

爻有陰爻及陽爻兩種，由三個爻組合為卦。

二、卦

單卦：三爻由下往上變化，為八卦。以天、地、人三才為結構。

重卦：由兩個單卦組成，在上者稱為上卦、外卦或悔卦；在下者稱

為下卦、內卦或貞卦。外卦主動，是外在的大環境。內卦主靜，以自我為出發點向外開展。

重卦之爻位，最底下稱之為初爻，象徵平民百姓。上升為二爻，為一家、一族、單位或地方之主。再升為三爻，指進入朝廷或外在大環境之際。上升至四爻，為君側之大臣，權勢地位高而危。五爻為君位，至尊則有權有勢。再升為上爻，相當於太上皇，已無能為力。若將重卦六爻視為整體，其三才之分配為：初、二爻居地位，三、四爻居人位，五、上爻居天位。

錯卦：一卦中每爻由陰變陽，陽變陰，後所產生之新卦稱為錯卦。

綜卦：各重卦由一至六爻，上下顛倒，即由本卦之上爻、五爻、四爻、三爻、二爻、初爻變為新卦之初爻、二爻、三爻、四爻、五爻、上爻此新卦稱之為綜卦。

互卦：取本卦之二、三、四爻為內卦，三、四、五爻為外卦，新組成之卦稱為互卦。

變卦：指定之爻位，由陽變陰，或陰變陽後所形成之新卦稱為變卦。

斷辭：

1. 判斷：
   亨－通，即通達。
   利－宜，可以有所行動。
   吉－吉利，其結果有所得者。
   悔－悔恨，後悔，曾有小過失，但不嚴重者。
   咎－過失，行為不妥。
   吝－不幸，曾有小過失，嚴重。
   凶－凶險，有所失者。
2. 形容：
   元－首也，引申為大。
   貞－正，真。
   厲－危厲，嚴重。
   征－前往、執行。

往－由低位之爻向高位之爻曰往，去。
來－由高位之爻向低位之爻曰來。
亡－失去，即已經不存在。
終－最終，終於。

3. 複合：

吉，无咎：一定吉，且无咎。
　　　　　因為吉，所以无咎。
　　　　　唯有吉，才无咎。
利涉大川：利於跋涉在大山大川之間，有所作為。
利見大人：利於見到重要或賢能的人，有幫助的人。
利有攸往：利於從事。

判斷參考：

1. 卦之定名乃根據爻之互動關係，故而卦名已決定了吉凶的大方
　向。例如損指損失，益指增益，各爻之判斷必須符合損與益之條

件。然而易道講究生生不息，循環不已。故損益相綜，損而益，益乃損。因此卦名本身之吉凶，尚應視其始終以及各爻之關係等因素而定。此外，有些卦象之吉凶並不明說，端視其他條件之互相作用而定。

2. 爻性：各爻皆有特性，凡爻辭中有明確吉凶定義者。

3. 位：爻位有三種。如下：

  3.1 **陰陽之位**：一、三、五為陽位，二、四、六為陰位，爻之陰陽與位符合，即是**得位**。例如「初九」、「九三」、「九五」、「六二」、「六四」、「上六」為「得位」。得位之爻，表具有陰陽之爻德，吉凶則由卦象決定。

  3.2 **高低之位**：爻位的高低，與地位之尊卑、時機的早晚、事物的成熟度、物體本身的部位等有關。

  3.3 **三才之位**：內外各卦，皆由三才結構而成，在重卦中，第二爻與第五爻為人位。人位主掌人事，因居三才之中間，故又稱為**得中**，六二、九五乃既**得中**又**得位**者，稱為**中正**，表示

人當其位且正直。第一爻與第四爻居地，指一個階段之開始。第三爻與第六爻居天位，指一階段終了或全部終結。

4. 應－一與四、二與五、三與六爻中，若兩爻陰陽性相反，則稱為應。應是兩爻之間的呼應、照應、響應、感應等，吉凶則依實際影響而定。

5. 比－相鄰各爻，若陰陽性質不同者，謂之「比」。比又有四：如本身為陽爻，比上爻稱「扶」，比下爻稱「據」，其利有大有小。如本身為陰爻，比上爻稱之為「承」，比下爻稱之為「乘」。在判斷時，「乘」常不利，因弱乘剛不易也。「承」影響不大，因陰柔無力。「扶」、「據」較多利，此乃陽爻剛健之故。

6. 中爻－重卦之二三四，或三四五爻，皆謂之中爻。

貳、撲克牌占卜法

注意：一件事只能誠心的起一次卦，不可認為第一個卦不符合自己的看法就再起第二次、第三次…。

起卦步驟一：拿一副撲克牌，先洗牌，由問事者抽出一張牌，代表下卦，並記下數字。抽出的A、2、3、4、5、6、7、8是有效牌，分別代表乾卦、兌卦、離卦、震卦、巽卦、坎卦、艮卦、坤卦。其餘的牌是無效牌須重抽。

步驟二：再由問事者抽出下一張牌，代表上卦，並記下數字。同樣的A、2、3、4、5、6、7、8是有效牌，分別代表乾卦、兌卦、離卦、震卦、巽卦、坎卦、艮卦、坤卦。其餘的牌是無效牌須重抽。

步驟三：再由問事者抽出第三張牌，代表爻數，並記下數字。同樣的A、2、3、4、5、6是有效牌，分別代表初爻、二爻、三爻、四爻、五爻及上爻。其餘的牌是無效牌須重抽。

步驟四：將以上步驟所抽出的牌記下，再翻查本書的條目來參照判

斷。例如，第一張抽出的牌為 2，第二張抽出的牌為 4，第三張抽出的
牌為 1，則記為 2-4-1，查出本書的 2-4-1 條目，「歸妹」卦之初爻
說明如下：

（撲克牌數：2-4-1）〔金錢卦數：996966-初爻〕

初九：歸妹以娣，跛能履，征吉。

〔象曰〕：歸妹以娣，以恒也；跛能履，吉，相承也。

初九：輔佐正妻之姐，所以有吉象。（吉）

　　再翻查本書的2-4條目，參考「歸妹」本卦之說明。如下：

（撲克牌數：2-4）　〔金錢卦數：996966〕

卦五四　歸妹　〔震兌〕〔雷澤〕

歸妹：征凶，无攸利。

【象斷】：歸妹，天地之大義也。天地不交，而萬物不興。
　　　　　歸妹，人之終始也，說以動，所歸妹也。征凶，
　　　　　位不當也；无攸利，柔乘剛也。

【原文】：澤上有雷，歸妹。君子以永終知敝。

【占斷】：進則為凶，將陷不幸，孽緣婚姻，宜多做考慮。

參、金錢卦占卜法（「擲錢法」）

　　注意：一件事只能誠心的起一次卦，不可認為第一個卦不符合自己的看法就再起第二次、第三次…。

　　拿三個銅幣，放於手掌中，雙手合扣，心中專注於想問的問題上。合扣雙手成空心掌，上下搖動掌中的銅幣，使其產生正反面的翻轉，然後擲銅幣於桌上。

　　銅幣一面為人頭，另一面為字，假設人頭為正面，字為反面，三個銅幣共有四種組合，代表如下：

　　正反反：代表少陽，記為9
　　正正反：代表少陰，記為6
　　正正正：代表老陽（會變少陰），記為九
　　反反反：代表老陰（會變少陽），記為六

　　如此共擲六次，就得到六爻，六爻成一卦，再依卦爻查閱卦辭爻辭。假設您擲六次之後，得到下列這一卦：9 六 6969 為離震（火雷）「噬嗑」

卦,即可從噬嗑及爻中得到指示。又因第二爻「六」(「老陰」)為變爻,「老陰」會變「少陽」。9 六 6969 可變為:996969 即為離兌(火澤)「睽」卦,再參考其卦爻辭。

9 六 6969 為離震(火雷)「噬嗑」卦,翻查本書〔966969〕如下:

（撲克牌數：4-3）〔金錢卦數：966969〕

卦二一　噬嗑　〔離震〕〔火雷〕

噬嗑：亨，利用獄。

【彖斷】：頤中有物，曰噬嗑。噬嗑而亨，剛柔分動而明，
　　　　　雷電合而章，柔得中而上行，雖不當位，利用獄
　　　　　也。

【原文】：雷電，噬嗑，先王以明罰敕法。

【占斷】：時運不濟，凡事似不吉，尤其要注意勿為讒言中
　　　　　傷而有口舌之禍。

翻查本書〔996969〕如下：

（撲克牌數：2-3）　☰☱　〔金錢卦數：996969〕

卦三八　睽　〔離兌〕〔火澤〕

睽：小事吉。

【象斷】：睽，火動而上，澤動而下，二女同居，其志不同
　　　　　行。說而麗乎明，柔進而上行，得中而應乎剛，
　　　　　是以小事吉。天地睽而其事同也，男女睽而其志
　　　　　通也，萬物睽而其事類也，睽之時用大矣哉。

【原文】：上火下澤，睽，君子以同而異。

【占斷】：諸事不順，運氣不佳，勿與人發生月角爭執。

卦爻讀法:

注意:一個問題只能起一個卦,然後看其卦辭及爻辭,並結合全卦做整體思考,要和問題相契合,依問題發揮自己的思考力,再從綜卦、錯卦、變卦等不同方向、不同條件、不同方法去思考問題、解決問題。

如果客觀條件十分明顯,數據十分充足,而占卜出來的卦象與客觀條件事實不符,仍以客觀條件來做決策、從事,<u>而不可迷信卦象,以免誤人誤己</u>。卜卦只是在猶豫不決,條件不明時的另一種參考。所謂「善為易者不占」,「盡信書不如無書」。

肆、易占六十四卦及三百八十四爻之卦辭、爻辭

（撲克牌數：1-1）〔金錢卦數：999999〕

卦一　乾　〔乾乾〕〔天天〕

乾：元亨利貞。

【象斷】：大哉乾元，萬物資始，乃統天。雲行雨施，品物
　　　　　流形，大明終始，六位時成，時乘六龍以御天。

【原文】：天行健，君子以自彊不息。

【占斷】：盡忠職守，戒慎小心、萬事亨通。

（撲克牌數：1-1-1）〔金錢卦數：999999-初爻〕

初九：潛龍勿用。

潛龍勿用，陽氣潛藏。

〔變通〕：本爻變為巽，重卦為姤。

初九：如龍潛伏於地下，無法施展。（平）

（撲克牌數：1-1-2）　〔金錢卦數：999999-二爻〕

九二：見龍在田，利見大人。

〔象曰〕：見龍在田，天下文明。

〔變通〕：本爻變為離，重卦同人。

九二：能臣遇賢君，成功可期。（吉）

（撲克牌數：1-1-3）▤ 〔金錢卦數：999999-三爻〕

九三：君子終日乾乾，夕惕若，屬无咎。

〔象曰〕：終日乾乾，與時偕行。

〔變通〕：本爻變為澤，重卦為履。

九三：努力工作。因為朝乾夕惕，以進德修業，如此謙虛
　　　惶恐，所以雖危但也無咎。（平）

（撲克牌數：1-1-4）≡≡≡〔金錢卦數：999999-四爻〕

九四：或躍在淵，无咎。

〔象曰〕：或躍在淵，乾道乃革。

〔變通〕：本爻變為巽，重卦小畜。

九四：要當機立斷，不要喪失良機，應努力向前躍進。
　　　（平）

（撲克牌數：1-1-5）  〔金錢卦數：999999－五爻〕

九五：飛龍在天，利見大人。

〔象曰〕：飛龍在天，乃位乎天德。

〔變通〕：本爻變為離，重卦大有。

九五：居高處尊，聖人為天下所利見。凡事都能順利進行，
　　　故對任何事皆要抱守積極進取的精神。（吉）

（撲克牌數：1-1-6）　☰　〔金錢卦數：999999-上爻〕

上九：亢龍有悔。

〔象曰〕：亢龍有悔，與時偕極。

〔變通〕：本爻變為澤，重卦為夬。

上九：物極必反之理。比譬如人事，驕傲盈滿，好走極端，
　　　　知進忘退者終必有悔。（平）

（撲克牌數：1-2）☰ 〔金錢卦數：999996〕

卦四三　夬　〔兌乾〕〔澤天〕
夬：揚于王庭，孚號有厲，告自邑，不利即戎，利有攸往。
【象斷】：夬，決也，剛決柔也。健而說，決而和。揚于王
　　　　庭，柔乘五剛也；孚號有厲，其危乃光也；告自
　　　　邑，不利即戎，所尚乃窮也；利有攸往，剛長乃
　　　　終也。
【原文】：澤上於天，夬。君子以施祿及下，居德則忌。
【占斷】：治服小人，應小心計劃，氣運不是很順。
（撲克牌數：1-2-1）〔金錢卦數：999996-初爻〕
初九：壯于前趾，往不勝為咎。
〔象曰〕：不勝而往，咎也。
初九：陽剛躁進之象，若一昧前往將不能勝任而有災難。
（凶）

（撲克牌數：1-2-2）　　　〔金錢卦數：999996-二爻〕

九二：惕號，莫夜有戎，勿恤。

〔象曰〕：有戎勿恤，得中道也。

〔變通〕：本爻變為離，重卦為革。

九二：警惕戒備，無須恐懼。（凶）

（撲克牌數：1-2-3）☰☱ 〔金錢卦數：999996-三爻〕

九三：壯于頄，有凶。君子夬夬，獨行遇雨，若濡有慍，
　　　无咎。

〔象曰〕：君子夬夬，終无咎也。

〔變通〕：本爻變為兌，重卦為兌。

九三：此爻過於剛健，有怒形於色之象，故有凶險，容易
　　　沾染嫌疑，恐傷和氣，但由於行事坦蕩，故無礙。
　　　（凶）

（撲克牌數：1-2-4）　〔金錢卦數：999996-四爻〕

九四：臀无膚，其行次且。牽羊悔亡，聞言不信。

〔象曰〕：其行次且，位不當也，聞言不信，聰不明也。

〔變通〕：本爻變為坎，重卦為需。

九四：卦象猶豫不決，就算聽了別人的話也不會相信。
　　　（凶）

（撲克牌數：1-2-5）〔金錢卦數：999996－五爻〕

九五：莧陸夬夬，中行无咎。

〔象曰〕：中行无咎，中未光也。

〔變通〕：本爻變為震，重卦為大壯。

九五：採取光明磊落的正道，才能免於愧疚。（平）

（撲克牌數：1-2-6）　　〔金錢卦數：999996-上爻〕

上六：无號，終有凶。

〔象曰〕：无號之凶，終不可長也。

〔變通〕：本爻變為乾，重卦為乾。

上六：孤獨無援，無處可以哭訴，會有凶象發生。（凶）

（撲克牌數：1-3） ▤ 〔金錢卦數：999969〕

卦十四　大有　〔離乾〕〔火天〕

大有：元亨。

【解象】：大有綜同人。

【象斷】：大有，柔得尊位大中，而上下應之，曰大有。其
　　　　　德剛健而文明，應乎天而時行，是以元亨。

【原文】：火在天上，大有，君子以遏惡揚善，順天休命。

【占斷】：**如本身有德有才，則大吉，造福天下。**

（撲克牌數：1-3-1）〔金錢卦數：999969-初爻〕

初九：无交害，匪咎。艱則无咎。

〔象曰〕：大有初九，无交害也。

初九：**大有之初，血氣方剛，艱守則無咎。（平）**

（撲克牌數：1-3-2）☰☰ 〔金錢卦數：999969-二爻〕

九二：大車以載，有攸往无咎。

〔象曰〕：大車以載，積中不敗也。

〔變通〕：本爻變為離，重卦為離。

九二：任重道遠，可以有所作為，有實力，進則吉。（平）

（撲克牌數：1-3-3）☰☱ 〔金錢卦數：999969-三爻〕

九三：公用亨于天子，小人弗克。

〔象曰〕：公用亨于天子，小人害也。

〔變通〕：本爻變為兌，重卦為睽。

九三：君子可獲上寵，小人則不得。有長上提攜之助，但
　　　　若無實力則會漏失幸運。（平）

（撲克牌數：1-3-4）　☰☰　〔金錢卦數：999969-四爻〕

九四：匪其彭，无咎。

〔象曰〕：匪其彭，无咎，明辨哲也。

〔變通〕：本爻變為艮，重卦為大畜。

九四：扶助柔順之君，不喧賓奪主，則無咎，奢望過高則
　　　　將失敗。（平）

（撲克牌數：1-3-5）☰ 〔金錢卦數：999969-五爻〕

六五：厥孚交如，威如吉。

〔象曰〕：厥孚交如，信以發志也；威如之吉，易而无備也。

〔變通〕：本爻變為乾，重卦為乾。

六五：下從乎上，上信於下。大有之世，君仁臣賢，誠信
之極，惟君道貴剛，過柔則危。下誠上信，應有威
嚴，則吉。（吉）

（撲克牌數：1-3-6）　☰　〔金錢卦數：999969-上爻〕

上九：自天祐之，吉无不利。

〔象曰〕：大有上吉，自天祐也。

〔變通〕：本爻變為震，重卦為大壯。

上九：得天庇佑，受人信用，萬事順利，努力得到回報，
　　　　運氣正盛。應當謙虛，知道抑制，才能得到天祐。
　　　　應有滿而不溢的修養。（吉）

（撲克牌數：1-4） ☰ 〔金錢卦數：999966〕

卦三四　大壯　〔震乾〕〔雷天〕

大壯：利貞。

【解象】：大壯，大者壯也，剛以動，故壯。大壯利貞，大
　　　　　者正也。正大而天地之情可見矣。

【象斷】：大壯，大者壯也，剛以動，故壯。

【原文】：雷在天上，大壯。君子以非禮弗履。

【占斷】：固守正道，不宜妄動。

　　　　（撲克牌數：1-4-1）〔金錢卦數：999966-初爻〕

初九：壯于趾，征凶，有孚。

〔象曰〕：壯于趾，其孚窮也。

初九：冒險躁進會有危險。若保持誠信則可以避凶。（凶）

（撲克牌數：1-4-2）　〔金錢卦數：999966-二爻〕

九二：貞吉。

〔象曰〕：九二貞吉，以中也。

〔變通〕：本爻變為離，重卦為豐。

九二：謙沖自牧，貞正吉祥。（吉）

（撲克牌數：1-4-3）〔金錢卦數：999966-三爻〕

九三：小人用壯，君子用罔，貞厲。羝羊觸藩，羸其角。

〔象曰〕：小人用壯，君子罔也。

〔變通〕：本爻變為兌，重卦為歸妹。

九三：如果爭強鬥狠，就像公羊以蠻力試圖衝破藩籬，其
　　　角卻因此被牽連住一樣。（凶）

（撲克牌數：1-4-4）　☷☱　〔金錢卦數：999966-四爻〕

九四：貞吉，悔亡。藩決不羸，壯于大輿之輹。

〔象曰〕：藩決不羸，尚往也。

〔變通〕：本爻變為坤，重卦為泰。

九四：氣勢強盛，如大車之橫木，可以果敢前行。（吉）

（撲克牌數：1-4-5）　　　〔金錢卦數：999966－五爻〕

六五：喪羊于易，无悔。

〔象曰〕：喪羊于易，位不當也。

〔變通〕：本爻變為兌，重卦為夬。

六五：盛勢已過，但守中庸之道，故沒有悔恨。（凶）

（撲克牌數：1-4-6）　☰☰　〔金錢卦數：999966-上爻〕

上六：羝羊觸藩，不能退，不能遂，无攸利，艱則吉。

〔象曰〕：不能退，不能遂，不詳也。艱則吉，咎不長也。

〔變通〕：本爻變為離，重卦為大有。

上六：盛極而衰，猶如公羊一昧要衝破藩籬，其角卻因此
　　　　被牽連住，進退不得。但若能面對艱困處境而保守
　　　　行事，則可吉。（平）

（撲克牌數：1-5）　〔金錢卦數：999699〕

卦九　小畜　〔巽乾〕〔風天〕

小畜：亨，密雲不雨，自我西郊。

【象斷】：小畜，柔得位而上下應之，曰小畜。健而巽，剛
　　　　　中而志行，乃亨。

【原文】：風行天上，小畜，君子以懿文德。

【占斷】：時機未成熟，氣運不順，宜隱忍守正，蓄德以備。

（撲克牌數：1-5-1）〔金錢卦數：999699-初爻〕

初九：復自道，何其咎，吉。

〔象曰〕：復自道，其義吉也。

初九：易焦急，因時機未到，因此在途中返回的情形很多，
　　　只要路未走錯則無咎。在困頓中應當堅持當初純正
　　　的動機。（吉）

（撲克牌數：1-5-2）　〔金錢卦數：999699-二爻〕

九二：牽復，吉。

〔象曰〕：牽復在中，亦不自失也。

〔變通〕：本爻變為離，重卦為家人。

九二：在突破阻礙時，應與同志攜手並進，並把握中庸的
　　　　原則。（吉）

（撲克牌數：1-5-3）▤ 〔金錢卦數：999699-三爻〕

九三：輿說輻，夫妻反目。

〔象曰〕：夫妻反目，不能正室也。

〔變通〕：本爻變為兌，重卦為中孚。

九三：在前進的途中，與志不同道不合的人走在一起，所以才會受到阻礙，發生爭執。（凶）

（撲克牌數：1-5-4）　　〔金錢卦數：999699-四爻〕

六四：有孚，血去惕出，无咎。

〔象曰〕：有孚惕出，上合志也。

〔變通〕：本爻變為乾，重卦為乾。

六四：心地誠信，就可以遠離血災，自我警惕就不會有災
　　　禍。（凶）

（撲克牌數：1-5-5）  〔金錢卦數：999699-五爻〕

九五：有孚攣如，富以其鄰。

〔象曰〕：有孚攣如，不獨富也。

〔變通〕：本爻變為艮，重卦為大畜。

九五：祇要排除私慾，有攜手共進的誠信，不但自己富有，也要使鄰居富有，就能得到鄰居的協助。這是自助助人的道理。（平）

（撲克牌數：1-5-6）　☰　〔金錢卦數：999699-上爻〕

上九：既雨既處，尚德載，婦貞厲，月幾望，君子征凶。

〔象曰〕：既雨既處，德積載也；君子征凶，有所疑也。

〔變通〕：本爻變為坎，重卦為需。

上九：陰盛極時，就會與陽抗衡，君子就不得不出走，所
　　　　以凶。（凶）

（撲克牌數：1-6） ≣ 〔金錢卦數：999696〕

卦五　需　〔坎乾〕〔水天〕

需：有孚，光亨，貞吉。利涉大川。

【解象】：需綜訟。

【象斷】：需，須也，險在前也。剛健而不陷，其義不困窮矣。
　　　　　需，有孚，光亨，貞吉，位乎天位，以正中也。

【原文】：雲上於天，需，君子以飲食宴樂。

【占斷】：**目標遠大，宜等時機，不可妄進。**

　　　　　（撲克牌數：1-6-1）〔金錢卦數：999696-初爻〕

初九：需于郊，利用恒，无咎。

〔象曰〕：需于郊，不犯難行也。利用恆，无咎，未失常也。

初九：**凡事安常處靜，不變所守之操，則不會有困難阻礙。**
　　　（平）

（撲克牌數：1-6-2）　　　〔金錢卦數：999696-二爻〕

九二：需于沙，小有言，終吉。

〔象曰〕：需于沙，衍在中也，雖小有言，以終吉也。

〔變通〕：本爻變為離，重卦為既濟。

九二：凡事以耐心來做，必當以吉終。（吉）

（撲克牌數：1-6-3）〔金錢卦數：999696-三爻〕

九三：需于泥，致寇至。

〔象曰〕：需于泥，災在外也。自我致寇，敬慎不敗也。

〔變通〕：本爻變為兌，重卦為節。

九三：有如在泥沼中等待而盜寇將至，難以排脫而益發著
急。（凶）

（撲克牌數：1-6-4）　　〔金錢卦數：999696-四爻〕

六四：需于血，出自穴。

〔象曰〕：需于血，順以聽也。

〔變通〕：本爻變為兌，重卦為夬。

六四：只要耐心等待，終必能脫險。（凶）

（撲克牌數：1-6-5）　　　〔金錢卦數：999696-五爻〕

九五：需于酒食，貞吉。

〔象曰〕：酒食，貞吉，以中正也。

〔變通〕：本爻變為坤，重卦為泰。

九五：不多事以自擾，能自守而吉。不論面臨任何事情，
　　　　應以悠然的態度圓滿的把事情解決。（吉）

（撲克牌數：1-6-6）　〔金錢卦數：999696-上爻〕

上六：入于穴，有不速之客三人來，敬之終吉。

〔象曰〕：不速之客來，敬之終吉，雖不當位，未大失也。

〔變通〕：本爻變為巽，重卦為小畜。

上六：不能拒之，只好順之，以酒食尊敬的待之，受之教
　　　誨，則不致有被侵凌之患，故終得吉。（吉）

（撲克牌數：1-7）☰☰ 〔金錢卦數：999669〕

卦二六　大畜　〔艮乾〕〔山天〕
大畜：利貞，不家食，吉，利涉大川。
【彖斷】：大畜，剛健篤實，輝光日新，其德，剛上而尚賢，
　　　　　能止健，大正也。不家食吉，養賢也；利涉大川，
　　　　　應乎天也。
【原文】：天在山中，大畜，君子以多識前言往行，以畜其
　　　　　德。
【占斷】：仕途不佳，其他事物，初有阻礙，真誠所致金石
　　　　　為開。
　　　　　（撲克牌數：1-7-1）〔金錢卦數：999669-初爻〕
初九：有厲，利已。
〔象曰〕：有厲利已，不犯災也。
初九：此時不應躁進，應當畜養其德。（凶）

（撲克牌數：1-7-2）　　　　　〔金錢卦數：999669-二爻〕

九二：輿說輹。

〔象曰〕：輿說輹，中无尤也。

〔變通〕：本爻變為離，重卦為賁。

九二：當行則行，當止則止，故有車輪脫離了輻條的現象。

　　　　（凶）

（撲克牌數：1-7-3）䷻〔金錢卦數：999669-三爻〕

九三：良馬逐，利艱貞，曰閑輿衛，利有攸往。

〔象曰〕：利有攸往，上合志也。

〔變通〕：本爻變為兌，重卦為損。

九三：謹記著在艱苦的環境中仍要保持著貞正。有利於向
　　　　外發展建功立業。（平）

（撲克牌數：1-7-4）　☰☰　〔金錢卦數：999669-四爻〕

六四：童牛之牿，元吉。

〔象曰〕：六四元吉，有喜也。

〔變通〕：本爻變為離，重卦為大有。

六四：以柔制剛，不使其妄動，所以大吉。（吉）

（撲克牌數：1-7-5）  〔金錢卦數：999669-五爻〕

六五：豶豕之牙，吉。

〔象曰〕：六五之吉，有慶也。

〔變通〕：本爻變為巽，重卦為小畜。

六五：以柔制剛，吉。（吉）

（撲克牌數：1-7-6）　☷　〔金錢卦數：999669-上爻〕

上九：何天之衢，亨。

〔象曰〕：何天之衢，道大行也。

〔變通〕：本爻變為坤，重卦為泰。

上九：己具有負荷開闢通天大路的能力，財力和能力俱
　　　佳，必能亨達。(吉)

（撲克牌數：1-8）　〔金錢卦數：999666〕

卦十一　泰　〔坤乾〕〔地天〕

泰：小往大來，吉亨。

【象斷】：泰，小往大來，吉亨，則是天地交而萬物通也，
　　　　　上下交而其志同也。

【原文】：天地交泰，后以財成天地之道，輔相天地之宜，
　　　　　以左右民。

【占斷】：居安思危，持盈保泰人，事安泰，事業平順。
　　　　　（撲克牌數：1-8-1）〔金錢卦數：999666-初爻〕

初九：拔茅茹，以其彙，征吉。

〔象曰〕：拔茅征吉，志在外也。

初九：和志同道合者，一起努力奮鬥、上進則吉，獨行將
　　　失敗。（吉）

（撲克牌數：1-8-2） ䷊ 〔金錢卦數：999666-二爻〕

九二：包荒，用馮河，不遐遺。朋亡，得尚于中行。

〔象曰〕：包荒，得尚于中行，以光大也。

〔變通〕：本爻變為離，重卦為明夷。

九二：泰之道，量大、勇為、深思、不黨，合此四德，則
　　　　能中行。（平）

（撲克牌數：1-8-3）〔金錢卦數：999666-三爻〕

九三：无平不陂，无往不復，艱貞无咎，勿恤其孚，于食有福。

〔象曰〕：无往不復，天地際也。

〔變通〕：本爻變為兌，重卦為臨。

九三：勿期望別人有信於我，對已經得到的就應該滿足。世事變化不測，於艱難中要正直不阿，隨遇而安。（平）

（撲克牌數：1-8-4）　〔金錢卦數：999666-四爻〕

六四：翩翩不富，以其鄰，不戒以孚。

〔象曰〕：翩翩不富，皆失實也；不戒以孚，中心願也。

〔變通〕：本爻變為震，重卦為大壯。

六四：環境不適，則應結伴另謀發展，在事業上努力維持
　　　　現狀，和有識的智者商量，不可固執己見。（平）

（撲克牌數：1-8-5）　〔金錢卦數：999666-五爻〕

六五：帝乙歸妹，以祉元吉。

〔象曰〕：以祉元吉，中以行願也。

〔變通〕：本爻變為坎，重卦為需。

六五：施恩惠眾，以求長保安泰。（吉）

（撲克牌數：1-8-6）　〔金錢卦數：999666-上爻〕

上六：城復于隍，勿用師，自邑告命，貞吝。

〔象曰〕：城復于隍，其命亂也。

〔變通〕：本爻變為艮，重卦為大畜。

上六：各人自求多福。甘盡苦來，天道往還，人不可力爭
　　　　也，否則有咎。（凶）

（撲克牌數：2-1）　〔金錢卦數：996999〕

卦十　履　〔乾兌〕〔天澤〕

履：履虎尾，不咥人，亨。

【解象】：履綜小畜。

【象斷】：履，柔履剛也。說而應乎乾，是以履虎尾，不咥
　　　　　人，亨。剛中正，履帝位而不疚，光明也。

【原文】：上天下澤，履，君子以辯上下，定民志。

【占斷】：危機當前，宜處處小心，以柔克剛，轉禍為福。

（撲克牌數：2-1-1）〔金錢卦數：996999-初爻〕

初九：素履，往无咎。

〔象曰〕：素履之往，獨行願也。

初九：本著自己平素的志向前進，不會有過失。（平）

（撲克牌數：2-1-2）　☰☰　〔金錢卦數：996999－二爻〕

九二：履道坦坦，幽人貞吉。

〔象曰〕：幽人貞吉，中不自亂也。

〔變通〕：本爻變為震，重卦為无妄。

九二：以心胸坦蕩，執著純正，不求聞達，意志不被世俗
　　　　擾亂，吉祥。（吉）

（撲克牌數：2-1-3）  〔金錢卦數：996999—三爻〕

六三：眇能視，跛能履，履虎尾，咥人凶。武人為于大君。

〔象曰〕：眇能視，不足以有明也；跛能履，不足以與行也；
　　　　咥人之凶，位不當也；武人為于大君，志剛也。

〔變通〕：本爻變為乾，重卦為乾。

六三：剛愎自用，擁兵自重，心懷不軌，企圖叛亂，終於
　　　失敗，當然凶險。（凶）

（撲克牌數：2-1-4）䷉〔金錢卦數：996999-四爻〕

九四：履虎尾，愬愬終吉。

〔象曰〕：愬愬，終吉，志行也。

〔變通〕：本爻變為巽，重卦為中孚。

九四：能愬愬戒懼，而終得吉。凡事以惶恐、謹慎的態度來彌補實力的不足，則終可得吉。態度柔順，戒慎恐懼，因而能夠避免傷害，施展抱負。（吉）

（撲克牌數：2-1-5）☰☱ 〔金錢卦數：996999-五爻〕

九五：夬履，貞厲。

〔象曰〕：夬履，貞厲，位正當也。

〔變通〕：本爻變為離，重卦為睽。

九五：過份嚴格的下決斷，任其剛決而行，缺少寬容的心，
　　　則雖貞正亦危，人在得意時更應注意寬容的心。和
　　　悅服從，唯命是聽，造成獨斷獨行，肆無忌憚。這
　　　種作風，即或動機純正，仍然危險。（凶）

（撲克牌數：2-1-6）　〔金錢卦數：996999－上爻〕

上九：視履，考祥，其旋，元吉。

〔象曰〕：元吉在上，大有慶也。

〔變通〕：本爻變為兌，重卦為兌。

上九：回顧足跡，再加以考慮及整頓，對以後要做的事很
　　　有幫助，所以是大吉。在一切事物告一段落後，反
　　　省考慮一下其經過，再為將來做打算的態度是很重
　　　要的。是禍是福，要看實踐的結果而定，如果踐履
　　　圓滿，沒有瑕疵，當然大吉大利。（吉）

（撲克牌數：2-2）　〔金錢卦數：996996〕

卦五八　兌　〔兌兌〕〔澤澤〕

兌：亨，利貞。

【象斷】：兌，說也。剛中而柔外，說以利貞，是以順乎天
　　　　而應乎人。說以先民，民忘其勞，說以犯難，民
　　　　忘其死，說之大，民勸矣哉。

【原文】：麗澤，兌。君子以朋友講習。

【占斷】：萬事如意，喜慶連連，注意奸詐小人，防範女禍。

（撲克牌數：2-2-1）〔金錢卦數：996996-初爻〕

初九：和兌，吉。

〔象曰〕：和兌之吉，行未疑也。

初九：平和愉悅地與人相處，行為不讓人懷疑，故為吉祥。
　　　（吉）

（撲克牌數：2-2-2） ䷹ 〔金錢卦數：996996－二爻〕

九二：孚兌，吉，悔亡。

〔象曰〕：孚兌之吉，信志也。

〔變通〕：本爻變為震，重卦為隨。

九二：本著誠信和悅的態度與人相處，便不會有悔恨而終
　　　能吉祥。（吉）

（撲克牌數：2-2-3）〔金錢卦數：996996－三爻〕

六三，來兌，凶。

〔象曰〕：來兌之凶，位不當也。

〔變通〕：本爻變為乾，重卦為夬。

六三：奉承取悅於人，將致凶險。（凶）

（撲克牌數：2-2-4）〔金錢卦數：996996-四爻〕

九四：商兌未寧，介疾有喜。

〔象曰〕：九四之喜，有慶也。

〔變通〕：本爻變為坎，重卦為節。

九四：若能斷然隔絕，見賢思齊，則喜。（平）

（撲克牌數：2-2-5） 〔金錢卦數：996996-五爻〕

九五：孚于剝，有厲。

〔象曰〕：孚于剝，位正當也。

〔變通〕：本爻變為震，重卦為歸妹。

九五：雖然居於中正陽剛的君位，但不免相信小人，恐怕
　　　招致危險。（凶）

（撲克牌數：2-2-6）　　〔金錢卦數：996996-上爻〕

上六：引兌。

〔象曰〕：上六引兌，未光也。

〔變通〕：本爻變為乾，重卦為履。

上六：容易受小人所引誘。（平）

（撲克牌數：2-3）　〔金錢卦數：996969〕

卦三八　睽　〔離兌〕〔火澤〕

睽：小事吉。

【象斷】：睽，火動而上，澤動而下，二女同居，其志不同行。說而麗乎明，柔進而上行，得中而應乎剛，是以小事吉。。

【原文】：上火下澤，睽，君子以同而異。

【占斷】：諸事不順，運氣不佳，勿與人發生月角爭執。

（撲克牌數：2-3-1）〔金錢卦數：996969-初爻〕

初九：悔亡，喪馬勿逐自復，見惡人，无咎。

〔象曰〕：見惡人，以辟咎也。

初九：無關的事，不要放在心上，寬容別人，也無所謂了。
　　　（凶）

（撲克牌數：2-3-2）　　　〔金錢卦數：996969-二爻〕

九二：遇主于巷，无咎。
〔象曰〕：遇主于巷，未失道也。
〔變通〕：本爻變為震，重卦為噬嗑。
九二：雖處於乖違之時，只能相遇於僻巷，但終無礙。（平）

（撲克牌數：2-3-3）〔金錢卦數：996969－三爻〕

六三：見輿曳，其牛掣，其人天且劓，无初有終。

〔象曰〕：見輿曳，位不當也，无初有終，遇剛也。

〔變通〕：本爻變為乾，重卦為大有。

六三：乖離的情況十分嚴重，好像被大車所拖住，被牛所
　　　牽制，雖始為乖離，但終能遇合。（凶）

（撲克牌數：2-3-4）〔金錢卦數：996969-四爻〕

九四：睽孤，遇元夫，交孚，屬无咎。

〔象曰〕：交孚无咎，志行也。

〔變通〕：本爻變為艮，重卦為損。

九四：乖違孤立之象。兩人若能以誠信相符，則能化險為
　　　夷。（平）

（撲克牌數：2-3-5）☰☰ 〔金錢卦數：996969-五爻〕

六五：悔亡，厥宗噬膚，往何咎。

〔象曰〕：厥宗噬膚，往有慶也。

〔變通〕：本爻變為乾，重卦為履。

六五：謙沖自牧，可使悔恨消除。有切膚之痛，同心合力，
可以無往不利。（平）

（撲克牌數：2-3-6）　☰☳　〔金錢卦數：996969-上爻〕

上九：睽孤，見豕負塗，載鬼一車，先張之弧，後說之弧，
　　　匪寇婚媾，往遇雨則吉。

〔象曰〕：遇雨之吉，群疑亡也。

〔變通〕：本爻變為震，重卦為歸妹。

上九：等候多時，難免狐疑，此時遇上化疑雲為甘霖的雨，
　　　便能大吉。（吉）

（撲克牌數：2-4）☷☱〔金錢卦數：996966〕

卦五四　歸妹　〔震兌〕〔雷澤〕

歸妹：征凶，无攸利。

【彖斷】：歸妹，天地之大義也。天地不交，而萬物不興。
　　　　歸妹，人之終始也，說以動，所歸妹也。征凶，
　　　　位不當也；无攸利，柔乘剛也。

【原文】：澤上有雷，歸妹。君子以永終知敝。

【占斷】：進則為凶，將陷不幸，孽緣婚姻，宜多做考慮。

　　　　（撲克牌數：2-4-1）〔金錢卦數：996966-初爻〕

初九：歸妹以娣，跛能履，征吉。

〔象曰〕：歸妹以娣，以恒也；跛能履，吉，相承也。

初九：輔佐正妻之姐，所以有吉象。（吉）

（撲克牌數：2-4-2）　〔金錢卦數：996966-二爻〕

九二：眇能視，利幽人之貞。

〔象曰〕：利幽人之貞，未變常也。

〔變通〕：本爻變為震，重卦為震。

九二：行動自如，思慮清楚，若貞靜自持，可保貞吉。（平）

（撲克牌數：2-4-3）〔金錢卦數：996966－三爻〕

六三：歸妹以須，反歸以娣。

〔象曰〕：歸妹以須，未當也。

〔變通〕：本爻變為乾，重卦為大壯。

六三：氣勢過盛，選擇夫家時，太過於挑剔，結果挑來挑
去，反而變成別人的妾。（凶）

（撲克牌數：2-4-4）〔金錢卦數：996966-四爻〕

九四：歸妹愆期，遲歸有時。

〔象曰〕：愆期之志，有待而行也。

〔變通〕：本爻變為坤，重卦為臨。

九四：誤了嫁期，雖然婚配稍晚，只需靜待時機與良緣了。

（平）

（撲克牌數：2-4-5）☷ 〔金錢卦數：996966-五爻〕

六五：帝乙歸妹，其君之袂，不如其娣之袂良，月幾望，吉。

〔象曰〕：帝乙歸妹，不如其娣之袂良也，其位在中，以貴
　　　　行也。

〔變通〕：本爻變為兌，重卦為兌。

六五：謙虛自持，婚嫁之服竟不如妾之嫁衣華美，猶如月
　　　即將滿盈而未盈，尊貴謙沖，必能吉祥。（吉）

（撲克牌數：2-4-6）　　〔金錢卦數：996966-上爻〕

上六：女承筐无實，士刲羊无血，无攸利。

〔象曰〕：上六无實，承虛筐也。

〔變通〕：本爻變為離，重卦為睽。

上六：象徵婚事無成，婚姻之禮無法完成，不見利益。
　　　（凶）

（撲克牌數：2-5）〔金錢卦數：996699〕

卦六一　中孚　〔巽兌〕〔風澤〕

中孚：豚魚吉，利涉大川，利貞。

【彖斷】：中孚，柔在內而剛得中，說而巽，孚，乃化邦也。
　　　　豚魚吉，信及豚魚也；利涉大川，乘木舟虛也。

【原文】：澤上有風，中孚。君子以議獄緩死。

【占斷】：誠信第一，堅守正道，謙卑為懷，萬事亨通。

　　　　（撲克牌數：2-5-1）〔金錢卦數：996699-初爻〕

初九：虞吉，有他不燕。

〔象曰〕：初九虞吉，志未變也。

初九：剛實無妄，無憂無慮，但是若是別有用心，不夠誠
　　　信，則無法高枕無憂。（吉）

（撲克牌數：2-5-2）☲☵〔金錢卦數：996699-二爻〕

九二：鶴鳴在陰，其子和之，我有好爵，吾與爾靡之。

〔象曰〕：其子和之，中心願也。

〔變通〕：本爻變為震，重卦為益。

九二：猶如童稚之子，以誠信相合，故有好酒可以一同暢
　　　飲取樂。(吉)

（撲克牌數：2-5-3）〔金錢卦數：996699-三爻〕

六三：得敵，或鼓，或罷，或泣，或歌。

〔象曰〕：或鼓或罷，位不當也。

〔變通〕：本爻變為乾，重卦為小畜。

六三：不知要擊鼓進攻還是要休兵，不知要哭泣還是要歡
　　　樂，猶如遇到了敵人不知所措一般。（凶）

（撲克牌數：2-5-4）　　　〔金錢卦數：996699-四爻〕

六四：月幾望，馬匹亡，无咎。

〔象曰〕：馬匹亡，絕類上也。

〔變通〕：本爻變為乾，重卦為履。

六四：因受庇護，所以無咎。（凶）

（撲克牌數：2-5-5）☰☷（金錢卦數：996699－五爻）

九五：有孚攣如，无咎。

〔象曰〕：有孚攣如，位正當也。

〔變通〕：本爻變為艮，重卦為損。

九五：猶如有誠信之君主，可以結合天下之人，所以無咎。
　　　（吉）

（撲克牌數：2-5-6）　☰☵　〔金錢卦數：996699-上爻〕

上九：翰音登于天，貞凶。

〔象曰〕：翰音登于天，何可長也。

〔變通〕：本爻變為坎，重卦為節。

上九：好像誠信過了頭而有虛偽之象，如同雞啼聲過於高
　　　亢而上達天際一般，故要特別保持貞正以避免凶
　　　惡。（凶）

（撲克牌數：2-6）☰☱ 〔金錢卦數：996696〕

卦六十　節　〔坎兌〕〔水澤〕

節：亨，苦節不可貞。

【彖斷】：節亨，剛柔分而剛得中。苦節不可貞，其道窮也。
　　　　說以行險，當位以節，中正以通。天地節而四時
　　　　成，節以制度，不傷財，不害民。

【原文】：澤上有水，節，君子以制數度，議德行。

【占斷】：臨機應變，安分守己，平安幸福。

　　　　（撲克牌數：2-6-1）〔金錢卦數：996696-初爻〕

初九：不出戶庭，无咎。

〔象曰〕：不出戶庭，知通塞也。

初九：無法前去應和，不要出門，如此謹慎才能無咎。
　　　（平）

（撲克牌數：2-6-2） ䷂ 〔金錢卦數：996696-二爻〕

九二：不出門庭，凶。

〔象曰〕：不出門庭凶，失時極也。

〔變通〕：本爻變為震，重卦為屯。

九二：與上無援而不敢出門，象徵過度節制而有凶象。
　　　　（凶）

（撲克牌數：2-6-3）☵☱〔金錢卦數：996696－三爻〕

六三：不節若，則嗟若，无咎。

〔象曰〕：不節之嗟，又誰咎也。

〔變通〕：本爻變為乾，重卦為需。

六三：有不加節制之象，但若能嗟嘆悔悟，則可免於禍害。
（平）

（撲克牌數：2-6-4）　〔金錢卦數：996696-四爻〕

六四：安節，亨。

〔象曰〕：安節之亨，承上道也。

〔變通〕：本爻變為兌，重卦為兌。

六四：能安然的過著有節制的生活，故能亨達。（吉）

（撲克牌數：2-6-5）〔金錢卦數：996696-五爻〕

九五：甘節，吉，往有尚。

〔象曰〕：甘節之吉，居位中也。

〔變通〕：本爻變為坤，重卦為師。

九五：能心甘情願的有所節制，所以能得到吉利，勇往直
　　　　前，直前則能獲得嘉賞。（吉）

（撲克牌數：2-6-6）　　〔金錢卦數：996696-上爻〕

上六：苦節，貞凶，悔亡。
〔象曰〕：苦節貞凶，其道窮也。
〔變通〕：本爻變為巽，重卦為中孚。
上六：彷彿過於節制，若一直如此則會有凶象，若守貞正
　　　　則可使悔恨消失。（凶）

（撲克牌數：2-7）　〔金錢卦數：996669〕

卦四一　損　〔艮兌〕〔山澤〕
損：有孚，元吉，无咎，可貞，利有攸往。曷之用，二簋
　　可用享。
【象斷】：損，損下益上，其道上行，損而有孚，元吉。无
　　　　咎，可貞，利有攸往，曷之用，二簋可用享，二
　　　　簋應有時，損剛益柔有時，損益盈虛，與時偕行。
【原文】：山下有澤，損。君子以懲忿窒欲。
【占斷】：運氣尚可佳，萬事不順，誠心守正，或可轉圜。
　　　（撲克牌數：2-7-1）〔金錢卦數：996669-初爻〕
初九：已事遄往，无咎，酌損之。
〔象曰〕：已事遄往，尚合志也。
初九：損己益上的事也要斟酌，不可太過。（凶）

（撲克牌數：2-7-2）　☷☳　〔金錢卦數：996669－二爻〕

九二：利貞，征凶，弗損益之。

〔象曰〕：九二利貞，中以為志也。

〔變通〕：本爻變為震，重卦為頤。

九二：損己益人的事更需要斟酌，不可損及中心要害，所
　　　以利於堅貞自守，而貿然前進則會有凶險，這樣不
　　　需自我減損也能有益於上了。（凶）

（撲克牌數：2-7-3）　　〔金錢卦數：996669－三爻〕

六三：三人行，則損一人，一人行，則得其友。

〔象曰〕：一人行，三則疑也。

〔變通〕：本爻變為乾，重卦為大畜。

六三：雖有損但獲得了朋友相照應。（平）

（撲克牌數：2-7-4）　　　〔金錢卦數：996669-四爻〕

六四：損其疾，使遄有喜，无咎。

〔象曰〕：損其疾，亦可喜也。

〔變通〕：本爻變為離，重卦為睽。

六四：能獲得助益，能夠使疾病減少，很快地恢復健康，
　　　　所以吉而無咎。（平）

（撲克牌數：2-7-5）〓〓〓〔金錢卦數：996669-五爻〕

六五：或益之十朋之龜，弗克違，元吉。

〔象曰〕：六五元吉，自上祐也。

〔變通〕：本爻變為巽，重卦為中孚。

六五：能虛心的接受天下各方面的助益，猶如得到了貴重
　　　的寶龜一樣，不要推辭，此乃大吉之象。（吉）

（撲克牌數：2-7-6）　　　〔金錢卦數：996669-上爻〕

上九：弗損益之，无咎，貞吉。利有攸往，得臣无家。

〔象曰〕：弗損益之，大得志也。

〔變通〕：本爻變為坤，重卦為臨。

上九：不必損下就能施益於上了，沒有禍害而能吉祥，無
　　　　往而不利，能夠大獲臣民之心，而不只是一家受惠
　　　　而已。(吉)

（撲克牌數：2-8）　〔金錢卦數：996666〕

卦十九　臨　〔坤兌〕〔地澤〕

臨：元亨利貞，至于八月有凶。

【象斷】：臨，剛浸而長，說而順，剛中而應，大亨以正，
　　　　　天之道也；至于八月有凶，消不久也。

【原文】：澤上有地，臨，君子以教思无窮，容保民无疆。

【占斷】：運勢亨通，萬事如意，需遵循正道，方有利可圖，
　　　　　慎防轉亨為凶。

　　　　（撲克牌數：2-8-1）〔金錢卦數：996666-初爻〕

初九：咸臨，貞吉。

〔象曰〕：咸臨貞吉，志行正也。

初九：能憑著感召的力量而施以監臨，保持貞固則可吉
　　　祥。（吉）

（撲克牌數：2-8-2） ䷒ 〔金錢卦數：996666-二爻〕

九二：咸臨，吉，无不利。

〔象曰〕：咸臨吉无不利，未順命也。

〔變通〕：本爻變為震，重卦為復。

九二：能憑著感召的力量而施以監臨，皆有吉象而無往不
　　　利了。(吉)

（撲克牌數：2-8-3）  〔金錢卦數：996666－三爻〕

六三：甘臨，无攸利，既憂之，无咎。

〔象曰〕：甘臨，位不當也，既憂之，咎不長也。

〔變通〕：本爻變為乾，重卦為泰。

六三：取悅於人、以甜言蜜語監臨他人，所以一點好處也
　　　　沒有，不過如果能戒慎恐懼，則可免於禍害。（凶）

（撲克牌數：2-8-4）　　　〔金錢卦數：996666-四爻〕

六四：至臨，无咎。

〔象曰〕：至臨无咎，位當也。

〔變通〕：本爻變為震，重卦為歸妹。

六四：六四往下監臨初九，是理所當然之勢，所以沒有禍
　　　　害。(平)

（撲克牌數：2-8-5）〔金錢卦數：996666－五爻〕

六五：知臨，大君之宜。吉。

〔象曰〕：大君之宜，行中之謂也。

〔變通〕：本爻變為坎，重卦為節。

六五：如一國之君，能虛心禮賢下士、知人善任，所以有
　　　　吉象。（吉）

（撲克牌數：2-8-6）　〔金錢卦數：996666-上爻〕

上六：敦臨，吉，无咎。

〔象曰〕：敦臨之吉，志在內也。

〔變通〕：本爻變為艮，重卦為損。

上六：敦厚溫柔之象，雖然位居極位，但以此敦厚溫柔的
　　　　態度來監臨，則可吉祥而無咎。（吉）

（撲克牌數：3-1）〔金錢卦數：969999〕

卦十三　同人　〔乾離〕〔天火〕

同人：同人于野，亨，利涉大川，利君子貞。

【象斷】：同人，柔得位得中而應乎乾，曰同人。同人曰，
　　　　　同人于野，亨，利涉大川，乾行也。文明以健，
　　　　　中正而應，君子正也，唯君子為能通天下之志。

【原文】：天與火同人，君子以類族辨物。

【占斷】：如能講求人際關係，和睦相處，達成心願。

　　　　（撲克牌數：3-1-1）〔金錢卦數：969999-初爻〕

初九：同人于門，无咎。

〔象曰〕：出門同人，又誰咎也。

初九：與人和諧相處，則可保平安。因交往廣闊不會有過
　　　失。（平）

（撲克牌數：3-1-2）　☰☷　〔金錢卦數：969999-二爻〕

六二：同人于宗，吝。

〔象曰〕：同人于宗，吝道也。

〔變通〕：本爻變為乾，重卦為乾。

六二：只和有血緣關係的人互惠，必會留下遺憾。應進一
　　　　步打破宗族觀念。（凶）

（撲克牌數：3-1-3） 〔金錢卦數：969999-三爻〕

九三：伏戎于莽，升其高陵，三歲不興。

〔象曰〕：伏戎于莽，敵剛也；三歲不興，安行也。

〔變通〕：本爻變為震，重卦為无妄。

九三：正面作戰，難有勝算。在草叢中設置伏兵，並登高
　　　觀察形勢。這樣畏首畏尾，恐怕三年也不能出兵，
　　　最後祇有不了了之。（凶）

（撲克牌數：3-1-4）　　　〔金錢卦數：969999－四爻〕

九四：乘其墉，弗克攻，吉。

〔象曰〕：乘其墉，義弗克也。其吉，則困而反則也。

〔變通〕：本爻變為巽，重卦為家人。

九四：與人爭鋒若能知難而退，則可保平安。還有自知之
　　　　明，省悟自己的行為不正當，沒有必勝的把握，終
　　　　於放棄攻擊。所以，占斷仍然吉祥。（吉）

（撲克牌數：3-1-5）　〔金錢卦數：969999-五爻〕

九五：同人先號咷而後笑，大師克相遇。

〔象曰〕：同人之先，以中直也；大師相遇，言相克也。

〔變通〕：本爻變為離，重卦為離。

九五：有如遇到了志同道合的人，故先大哭以訴思慕之
　　　　情，後終破涕為笑，彷彿獲勝一般，終能偶合。（平）

（撲克牌數：3-1-6）　〔金錢卦數：969999-上爻〕

上九：同人于郊，无悔。

〔象曰〕：同人于郊，志未得也。

〔變通〕：本爻變為兌，重卦為革。

上九：與外族的人同合，可以免於悔恨。遠離人群，是因
　　　為不願同流合污，早已覺悟，所以不會懊悔。（平）

（撲克牌數：3-2）〔金錢卦數：969996〕

卦四九　革　〔兌離〕〔澤火〕

革：已日乃孚，元亨，利貞，悔亡。

【象斷】：革，水火相息，二女同居，其志不相得，曰革。
　　　　　已日乃孚，革而信之，文明以說，大亨以正，革
　　　　　而當，其悔乃亡。

【原文】：澤中有火，革。君子以治歷明時。

【占斷】：動機宜純正，行為得當，願望可成，否則大悔。

（撲克牌數：3-2-1）〔金錢卦數：969996-初爻〕

初九：鞏用黃牛之革。

〔象曰〕：鞏用黃牛，不可以有為也。

初九：位卑體弱，應以鞏固基礎，此時不宜輕舉妄動。（平）

（撲克牌數：3-2-2）　〔金錢卦數：969996-二爻〕

六二：巳日乃革之，征吉，无咎。

〔象曰〕：巳日革之，行有嘉也。

〔變通〕：本爻變為乾，重卦為夬。

六二：選擇適當的時機來進行改革，便可勇往直前，有利
　　　無害了，大有可為。（吉）

（撲克牌數：3-2-3）〔金錢卦數：969996-三爻〕

九三：征凶，貞厲，革言三就，有孚。

〔象曰〕：革言三就，又何之矣。

〔變通〕：本爻變為震，重卦為隨。

九三：過於剛健之象，一昧魯莽行事，會招致危險，要保
　　　　持中正的態度，才能免於危厲，改革恐將歷經波折，
　　　　才能成功。（凶）

（撲克牌數：3-2-4）　〔金錢卦數：969996-四爻〕

九四：悔亡，有孚，改命吉。

〔象曰〕：改命之吉，信志也。

〔變通〕：本爻變為坎，重卦為既濟。

九四：本著誠懇的心來進行改革，悔恨就會消失而有吉
　　　　象。(吉)

（撲克牌數：3-2-5）　　〔金錢卦數：969996－五爻〕

九五：大人虎變，未占有孚。

〔象曰〕：大人虎變，其文炳也。

〔變通〕：本爻變為震，重卦為豐。

九五：是主導改革的利器，象徵在上位者銳意改革，必然
　　　　（可以贏得眾望。（平）

（撲克牌數：3-2-6）　〔金錢卦數：969996-上爻〕

上六：君子豹變，小人革面，征凶，居貞吉。
〔象曰〕：君子豹變，其文蔚也；小人革面，順以從君也。
〔變通〕：本爻變為乾，重卦為同人。
上六：在上位者大肆改革，在下位者洗心革面，但是隱藏
　　　　著危機，所以過激的話恐有危險，還是仍應保持貞
　　　　靜的態度。（平）

（撲克牌數：3-3）〔金錢卦數：969969〕

卦三十　離　〔離離〕〔火火〕

離：利貞，亨，畜牝牛，吉。

【彖斷】：離，麗也。日月麗乎天，百穀草木麗乎土，重明
　　　　　以麗乎正，乃化成天下。柔麗乎中正，故亨，是
　　　　　以畜牝牛吉也。

【原文】：明兩作，離，大人以繼明照于四方。

【占斷】：誠能得願，謙順致福，守正利貞，養德得吉。

（撲克牌數：3-3-1）〔金錢卦數：969969-初爻〕

初九：履錯然，敬之无咎。

〔象曰〕：履錯之敬，以辟咎也。

初九：旅程錯綜複雜，但只要心懷敬意，則可無咎。（凶）

（撲克牌數：3-3-2）　〔金錢卦數：969969-二爻〕

六二：黃離，元吉。

〔象曰〕：黃離元吉，得中道也。

〔變通〕：本爻變為乾，重卦為大有。

六二：位中正，故大吉。(吉)

（撲克牌數：3-3-3）  〔金錢卦數：969969-三爻〕

九三：日昃之離，不鼓缶而歌，則大耋之嗟，凶。

〔象曰〕：日昃之離，何可久也。

〔變通〕：本爻變為震，重卦為噬嗑。

九三：過於剛烈之象，好像已經過了中午了，只好放輕鬆
　　　的擊鼓作樂，要不然就要老大徒傷悲了，故有凶象。

　　　（凶）

（撲克牌數：3-3-4）　〔金錢卦數：969969-四爻〕

九四：突如其來如，焚如，死如，棄如。

〔象曰〕：突如其來如，无所容也。

〔變通〕：本爻變為艮，重卦為賁。

九四：附和的方法不正確，過於突然，很快就會被焚燒、
　　　　消滅和棄絕。（凶）

（撲克牌數：3-3-5）〔金錢卦數：969969-五爻〕

六五：出涕沱若，戚嗟若，吉。

〔象曰〕：六五之吉，離王公也。

〔變通〕：本爻變為乾，重卦為同人。

六五：有嗟嘆流淚之貌，但附著在君王的尊位之中，所以
　　　　終可吉祥。（吉）

（撲克牌數：3-3-6）　〔金錢卦數：969969-上爻〕

上九：王用出征有嘉，折首，獲匪其醜，无咎。

〔象曰〕：王用出征，以正邦也。

〔變通〕：本爻變為震，重卦為豐。

上九：君王之象，眾人皆來臣服，可以嘉勉那些願意來稱
　　　臣的人，也可以出征討伐非同類者，所以無咎。（平）

（撲克牌數：3-4）☲ 〔金錢卦數：969966〕

卦五五　豐　〔震離〕〔雷火〕

豐：亨，王假之，勿憂，宜日中。

【彖斷】：豐，大也。明以動，故豐。王假之，尚大也；勿
　　　　　憂，宜日中，宜照天下也。

【原文】：雷電皆至，豐。君子以折獄致刑。

【占斷】：居安思危，防範未然，氣運亨通，諸事順利。

　　　（撲克牌數：3-4-1）〔金錢卦數：969966-初爻〕

初九：遇其配主，雖旬无咎，往有尚。

〔象曰〕：雖旬无咎，過旬災也。

初九：相輔相成，雖然月有盈缺但保持平衡則可常保盈而
　　　不溢，不會有災難，可以有所作為並得到嘉許讚美。
　　　（平）

（撲克牌數：3-4-2）　　　　〔金錢卦數：969966-二爻〕

六二：豐其蔀，日中見斗，往得疑疾，有孚發若，吉。

〔象曰〕：有孚發若，信以發志也。

〔變通〕：本爻變為乾，重卦為大壯。

六二：如同被烏雲遮蔽的太陽，陰暗到白天也可以看到北
　　　　斗七星，此時行動可能會充滿疑慮，要發揮正直與
　　　　誠信，則能吉祥。（吉）

（撲克牌數：3-4-3）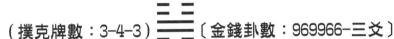〔金錢卦數：969966-三爻〕

九三：豐其沛，日中見沬，折其右肱，无咎。

〔象曰〕：豐其沛，不可大事也；折其右肱，終不可用也。

〔變通〕：本爻變為震，重卦為震。

九三：本應光芒萬丈，但有烏雲覆頂之勢，故白天可見小
　　　　星星，就好像失去了得意的助手，此時只能小心謹
　　　　慎，以防災難。（凶）

（撲克牌數：3-4-4）　〔金錢卦數：969966-四爻〕

九四：豐其蔀，日中見斗，遇其夷主，吉。

〔象曰〕：豐其蔀，位不當也；日中見斗，幽不明也；遇其
　　　　夷主，吉行也。

〔變通〕：本爻變為坤，重卦為明夷。

九四：光明被遮蔽了，但因為有貴人輔佐，所以能化險為
　　　夷。(吉)

（撲克牌數：3-4-5）　　　〔金錢卦數：969966-五爻〕

六五：來章，有慶譽，吉。

〔象曰〕：六五之吉，有慶也。

〔變通〕：本爻變為兌，重卦為革。

六五：虛心禮賢下士，所以能廣招人才，博得美譽，乃可
　　　喜可慶之象。（吉）

（撲克牌數：3-4-6）〔金錢卦數：969966－上爻〕

上六：豐其屋，蔀其家，闚其戶，闃其无人，三歲不覿，凶。

〔象曰〕：豐其屋，天際翔也；闚其戶，闃其无人，自藏也。

〔變通〕：本爻變為離，重卦為離。

上六：柔弱，如被烏雲遮蔽之象，猶如豐盛之家卻被遮蔽
　　　　蓋頂，還被窺伺，但其中寂靜無聲，三年都不見人
　　　　影，可見凶象。（凶）

（撲克牌數：3-5） ䷤ 〔金錢卦數：969699〕

卦三七　家人　〔巽離〕〔風火〕

家人：利女貞。

【象斷】：家人，女正位乎內，男正位乎外，男女正，天地
　　　　之大義也。家人有嚴君焉，父母之謂也。父父，
　　　　子子，兄兄，弟弟，夫夫，婦婦，而家道正。

【原文】：風自火出，家人，君子以言有物，而行有恒。

【占斷】：平安吉祥，幸福連綿。

　　　　（撲克牌數：3-5-1）〔金錢卦數：969699-初爻〕

初九：閑有家，悔亡。

〔象曰〕：閑有家，志未變也。

初九：對於變故要事先防範，也才能使悔恨消失。（平）

（撲克牌數：3-5-2）〔金錢卦數：969699-二爻〕

六二：无攸遂，在中饋，貞吉。

〔象曰〕：六二之吉，順以巽也。

〔變通〕：本爻變為乾，重卦為小畜。

六二：柔順，無所成就。但可以在家中主持家務，而能吉
　　　利。（吉）

（撲克牌數：3-5-3） 〔金錢卦數：969699-三爻〕

九三：家人嗃嗃，悔厲吉，婦子嘻嘻，終吝。

〔象曰〕：家人嗃嗃，未失也；婦子嘻嘻，失家節也。

〔變通〕：本爻變為震，重卦為益。

九三：治家過於嚴謹，難免會有悔恨，不過終有吉象。反
　　　之，若放縱家人嘻鬧，則可能會有遺憾的事發生。
　　　（凶）

（撲克牌數：3-5-4）　〔金錢卦數：969699-四爻〕

六四：富家，大吉。

〔象曰〕：富家大吉，順在位也。

〔變通〕：本爻變為乾，重卦為同人。

六四：有如柔和婦人持家非常賢慧的美德，得以使家富足
　　　之象，故大吉。（吉）

（撲克牌數：3-5-5）〔金錢卦數：969699-五爻〕

九五：王假有家，勿恤，吉。

〔象曰〕：王假有家，交相愛也。

〔變通〕：本爻變為艮，重卦為賁。

九五：能與婦人相應而成家立業，不用憂慮，自有吉象。

　　　（吉）

（撲克牌數：3-5-6）　☰☲　〔金錢卦數：969699-上爻〕

上九：有孚威如，終吉。

〔象曰〕：威如之吉，反身之謂也。

〔變通〕：本爻變為坎，重卦為既濟。

上九：家業至此大成。若有誠信，有威嚴地來監督家庭，
　　　　最終便能吉利。（吉）

（撲克牌數：3-6）　〔金錢卦數：969696〕

卦六三　既濟　〔坎離〕〔水火〕

既濟：亨小，利貞，初吉終亂。

【象斷】：既濟亨小者，亨也；利貞，剛柔正而位當也。初
　　　　　吉，柔得中也，終止則亂，其道窮也。

【原文】：水在火上，既濟。君子以思患而豫防之。

【占斷】：**運勢盛隆，嚴防驕奢，功成業就，名利雙收。**
　　　　　（撲克牌數：3-6-1）〔金錢卦數：969696-初爻〕

初九：曳其輪，濡其尾，无咎。

〔象曰〕：曳其輪，義无咎也。

初九：雖然低下，有被沾濕之慮，不會貿然前進，但謹慎
　　　則無害。（凶）

（撲克牌數：3-6-2）　　　〔金錢卦數：969696－二爻〕

六二：婦喪其茀，勿逐，七日得。

〔象曰〕：七日得，以中道也。

〔變通〕：本爻變為乾，重卦為需。

六二：猶如婦人失去了首飾，沒了光彩，有懷才不遇之象，
　　　　此時只需靜待時機，七日後可以復得。（平）

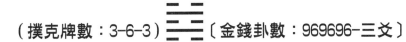

（撲克牌數：3-6-3）〔金錢卦數：969696-三爻〕

九三：高宗伐鬼方，三年克之，小人勿用。

〔象曰〕：三年克之，憊也。

〔變通〕：本爻變為震，重卦為屯。

九三：雖然事已成，但需歷經艱辛，要居安思危，不可任用小人。（凶）

（撲克牌數：3-6-4）　　〔金錢卦數：969696-四爻〕

六四：襦有衣袽，終日戒。
〔象曰〕：終日戒，有所疑也。
〔變通〕：本爻變為兌，重卦為革。
六四：事已告成，但即使是美麗的華服也仍然有穿破的一
　　　　天，要終日謹慎戒懼才好。（平）

（撲克牌數：3-6-5）〔金錢卦數：969696-五爻〕

九五：東鄰殺牛，不如西鄰之禴祭，實受其福。

〔象曰〕：東鄰殺牛，不如西鄰之時也，實受其福，吉大來
也。

〔變通〕：本爻變為坤，重卦為明夷。

九五：須防初吉終亂，祭祀的時候，東邊殺牛大肆慶祝，
不如西邊簡單的春祭這樣反而更能受到神明的眷
顧。（吉）

（撲克牌數：3-6-6）〔金錢卦數：969696-上爻〕

上六：濡其首，厲。
〔象曰〕：濡其首厲，何可久也。
〔變通〕：本爻變為巽，重卦為家人。
上六：盛極轉衰，只要一不謹慎，就像頭被水沾濕一樣狼
　　　狽，而有凶。（凶）

（撲克牌數：3-7）　〓〓　〔金錢卦數：969669〕

卦二二　賁　〔艮離〕〔山火〕

賁：亨，小利有攸往。

【彖斷】：賁亨。柔來而文剛，故亨。分剛上而文柔，故小
　　　　利有攸往。天文也，文明以止，人文也。觀乎天
　　　　文，以察時變，觀乎人文，以化成天下。

【原文】：山下有火，賁。君子以明庶政，无敢折獄。

【占斷】：只能小本經營，不能搞大事業。

（撲克牌數：3-7-1）〔金錢卦數：969669-初爻〕

初九：賁其趾，舍車而徒。

〔象曰〕：舍車而徒，義弗乘也。

初九：位階卑下，捨棄車子而徒步走路，以符合自己的身
　　　份。（平）

（撲克牌數：3-7-2）　〔金錢卦數：969669-二爻〕

六二：賁其須。

〔象曰〕：賁其須，與上興也。

〔變通〕：本爻變為乾，重卦為大畜。

六二：以下位者文飾上位者的鬍鬚，以示尊崇。（平）

（撲克牌數：3-7-3）䷕ 〔金錢卦數：969669－三爻〕

九三：賁如濡如，永貞，吉。

〔象曰〕：永貞之吉，終莫之陵也。

〔變通〕：本爻變為震，重卦為頤。

九三：到下位者的文飾與滋潤，若持之以恆地貞正自持，
　　　　則能吉祥。（吉）

（撲克牌數：3-7-4）　　〔金錢卦數：969669-四爻〕

六四：賁如皤如，白馬翰如，匪寇婚媾。

〔象曰〕：六四當位，疑也；匪寇婚媾，終无尤也。

〔變通〕：本爻變為離，重卦為離。

六四：返僕歸真，好像文飾已返回其純淨的本質，有婚配
　　　之象，所以說前來應和的人不是盜寇，而是前來求
　　　婚的人。（平）

（撲克牌數：3-7-5）〔金錢卦數：969669-五爻〕

六五：賁于丘園，束帛戔戔，吝，終吉。

〔象曰〕：六五之吉，有喜也。

〔變通〕：本爻變為巽，重卦為家人。

六五：能文飾、禮遇隱居的隱士，以一束薄薄的布帛為禮，雖然看似吝嗇，但卻符合了隱士的性格，所以終能吉祥。（吉）

（撲克牌數：3-7-6）　☷☲　〔金錢卦數：969669-上爻〕

上九：白賁，无咎。

〔象曰〕：白賁无咎，上得志也。

〔變通〕：本爻變為坤，重卦為明夷。

上九：文明自絢爛轉歸為僕素，所以文飾也轉為純白，沒
　　　　有禍害。（平）

（撲克牌數：3-8） 〔金錢卦數：969666〕

卦三六　明夷　〔坤離〕〔地火〕

明夷：利艱貞。

【象斷】：明入地中，明夷。內文明而外柔順，以蒙大難，
　　　　　文王以之。利艱貞，晦其明也。

【原文】：明入地中，明夷。君子以蒞眾，用晦而明。

【占斷】：處境艱難，萬事遲滯，守正不阿，終將得利。

（撲克牌數：3-8-1）〔金錢卦數：969666-初爻〕

初九：明夷于飛，垂其翼。君子于行，三日不食，有攸往，
　　　主人有言。

〔象曰〕：君子于行，義不食也。

初九：三日無暇進食，不可躁進，否則會招來閒言閒語。
　　　（平）

（撲克牌數：3-8-2）　〔金錢卦數：969666-二爻〕

六二：明夷，夷于左股，用拯馬壯，吉。
〔象曰〕：六二之吉，順以則也。
〔變通〕：本爻變為乾，重卦為泰。
六二：光明隱沒，可以得到強援，拯救，故吉。（吉）

（撲克牌數：3-8-3）〔金錢卦數：969666－三爻〕

九三：明夷于南狩，得其大首，不可疾貞。

〔象曰〕：南狩之志，乃得大也。

〔變通〕：本爻變為震，重卦為復。

九三：在光明受損時，可以前往征討，並能獲得元凶，但由於光明未完全復原，故在征伐的過程中，不可過急。（平）

（撲克牌數：3-8-4）　　　〔金錢卦數：969666-四爻〕

六四：入于左腹，獲明夷之心，于出門庭。

〔象曰〕：入于左腹，獲心意也。

〔變通〕：本爻變為震，重卦為豐。

六四：猶如深入了腹內黑暗隱僻之地，深深體會光明不彰
　　　　時的內情，幸只在初始，還能走出門，出世遠遁避
　　　　禍。（平）

（撲克牌數：3-8-5）  〔金錢卦數：969666-五爻〕

六五：箕子之明夷，利貞。

〔象曰〕：箕子之貞，明不可息也。

〔變通〕：本爻變為坎，重卦為既濟。

六五：箕子是商紂王的叔叔，因紂王殘暴，乃佯裝狂為奴，
　　　以避禍保身。卻受制於暴君之下，在深陷動亂時，
　　　要像箕子一樣，貞正自持。（平）

（撲克牌數：3-8-6）☲☷ 〔金錢卦數：969666-上爻〕

上六：不明晦，初登于天，後入于地。

〔象曰〕：初登于天，照四國也；後入于地，失則也。

〔變通〕：本爻變為艮，重卦為賁。

上六：距光明最遠，有不明而晦之象，雖居極位，最初能
　　　高登天上，但終究會陷入黑暗中。（凶）

（撲克牌數：4-1） ䷘ 〔金錢卦數：966999〕

卦二五　无妄　〔乾震〕〔天雷〕

无妄：元亨利貞，其匪正有眚，不利有攸往。

【象斷】：无妄，剛自外來而為主於內，動而健，剛中而應，
　　　　　大亨以正，天之命也，其匪正有眚，不利有攸往。
　　　　　无妄之往，何之矣。天命不祐，行矣哉。

【原文】：天下雷行，物與无妄。先王以茂對時育萬物。

【占斷】：堅守正道，可意外獲福，若欲填私慾，則惹禍招災。

（撲克牌數：4-1-1）〔金錢卦數：966999-初爻〕

初九：无妄，往吉。

〔象曰〕：无妄之往，得志也。

初九：謙恭不虛妄，無往不利。（吉）

（撲克牌數：4-1-2）　〔金錢卦數：966999-二爻〕

六二：不耕穫，不菑畬，則利有攸往。

〔象曰〕：不耕穫，未富也。

〔變通〕：本爻變為兌，重卦為履。

六二：順應自然而不妄求，不在耕耘之時就想望收獲，不
　　　在開墾之時就祈求豐收，則可有所作為（吉）

（撲克牌數：4-1-3）〔金錢卦數：966999-三爻〕

六三：无妄之災，或繫之牛，行人之得，邑人之災。

〔象曰〕：行人得牛，邑人災也。

六三：易生災變，像把一隻牛好好的綁著，卻被路人牽走，所謂「無妄之災」了。（凶）

（撲克牌數：4-1-4）　☰☲　〔金錢卦數：966999-四爻〕

九四：可貞无咎。

〔象曰〕：可貞无咎，固有之也。

九四：過於接近君位，恐有危險，但陽爻剛實，只要保持
　　　　正直的心，就可免於災禍。（平）

（撲克牌數：4-1-5）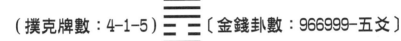〔金錢卦數：966999-五爻〕

九五：无妄之疾，勿藥有喜。

〔象曰〕：无妄之藥，不可試也。

〔變通〕：本爻變為離，重卦為噬嗑。

九五：無虛妄之災，即使有莫名的小病，就算不用藥，也
　　　能痊癒了。（平）

（撲克牌數：4-1-6）　　　〔金錢卦數：966999－上爻〕

上九：无妄，行有眚，无攸利。

〔象曰〕：无妄之行，窮之災也。

〔變通〕：本爻變為兌，重卦為隨。

上九：雖然無妄，但是貿然行動，仍然會引致災禍，宜小
　　　心謹慎。（凶）

（撲克牌數：4-2）〔金錢卦數：966996〕

卦十七　隨　〔兌震〕〔澤雷〕

隨：元亨利貞，无咎。

【象斷】：隨，剛來而下柔，動而說，隨。大亨，貞，无咎，
　　　　而天下隨時，隨時之義大矣哉。

【原文】：澤中有雷，隨，君子以嚮晦入宴息。

【占斷】：萬事如意，百般吉祥，尤其出嫁，更為吉祥。

　　　　（撲克牌數：4-2-1）〔金錢卦數：966996-初爻〕

初九：官有渝，貞吉，出門交有功。

〔象曰〕：官有渝，從正吉也；出門交有功，不失也。

初九：應當走出門外，與他人交往，擴大接觸面，才會有
　　　利。（吉）

（撲克牌數：4-2-2）　〔金錢卦數：966996-二爻〕

六二：係小子，失丈夫。
〔象曰〕：係小子，弗兼與也。
〔變通〕：本爻變為兌，重卦為兌。
六二：不能堅守貞節，等待合法的配偶「九五」，以致失去
　　　了丈夫。與「小子」發生不正當的關係，必然失去
　　　「丈夫」，難以左右逢源。（凶）

（撲克牌數：4-2-3）  〔金錢卦數：966996－三爻〕

六三：係丈夫，失小子，隨有求得，利居貞。

〔象曰〕：係丈夫，志舍下也。

〔變通〕：本爻變為離，重卦為革。

六三：追隨比自己優秀的人，因而有利。（平）

（撲克牌數：4-2-4）　〔金錢卦數：966996-四爻〕

九四：隨有獲，貞凶，有孚在道以明，何咎。

〔象曰〕：隨有獲，其義凶也；有孚在道，明功也。

〔變通〕：本爻變為坎，重卦為屯。

九四：心存誠信，不背離正道，了解明哲保身的道理，能
　　　　夠使在上者放心，在下者心服，就不會有任何災禍
　　　　了。（凶）

（撲克牌數：4-2-5） 〔金錢卦數：966996－五爻〕

九五：孚于嘉，吉。

〔象曰〕：孚于嘉吉，位正中也。

〔變通〕：本爻變為震，重卦為震。

九五：善與善相應隨和，當然可以彼此信賴，非常吉祥了。

人們應當擇善追隨則萬事吉祥。（吉）

（撲克牌數：4-2-6）　〔金錢卦數：966996-上爻〕

上六：拘係之，乃從維之，王用亨于西山。

〔象曰〕：拘係之。上窮也。

〔變通〕：本爻變為乾，重卦為无妄。

上六：追隨的關係鞏固，必然是自出誠信，所以，用周王
　　　　祭祀西山的至誠來象徵，誠可以通神，更何況是人。
　　　　（平）

（撲克牌數：4-3）　☲☳　〔金錢卦數：966969〕

卦二一　噬嗑　〔離震〕〔火雷〕

噬嗑：亨，利用獄。

【象斷】：頤中有物，曰噬嗑。噬嗑而亨，剛柔分動而明，
　　　　　雷電合而章，柔得中而上行，雖不當位，利用獄
　　　　　也。

【原文】：雷電，噬嗑，先王以明罰敕法。

【占斷】：時運不濟，凡事似不吉，尤其要注意勿為讒言中
　　　　　傷而有口舌之禍。

　　　　　　　（撲克牌數：4-3-1）〔金錢卦數：966969-初爻〕

初九：屨校滅趾，无咎。

〔象曰〕：屨校滅趾，不行也。

初九：對於初犯者，只是判以輕刑，以示懲治，並無大礙。
　　　（凶）

（撲克牌數：4-3-2）〔金錢卦數：966969－二爻〕

六二：噬膚滅鼻，无咎。

〔象曰〕：噬膚滅鼻，乘剛也。

〔變通〕：本爻變為兌，重卦為睽。

六二：陰柔要駕馭陽剛，必須用力的咬下皮膚，好像鼻子
　　　　都快不見了，這樣才能無大礙。（平）

（撲克牌數：4-3-3）　〔金錢卦數：966969-三爻〕

六三：噬腊肉，遇毒，小吝，无咎。

〔象曰〕：遇毒，位不當也。

〔變通〕：本爻變為離，重卦為離。

六三：位不當而遭施刑罰，就如咬到堅硬的臘肉，會吃壞
　　　　肚子，招致怨恨，雖有小怨，但無大礙。（凶）

（撲克牌數：4-3-4）　　　　〔金錢卦數：966969-四爻〕

九四：噬乾胏，得金矢，利艱貞，吉。

〔象曰〕：利艱貞吉，未光也。

〔變通〕：本爻變為艮，重卦為頤。

九四：　象徵懲治時遭到阻撓，有如咬到乾硬帶骨的肉，必
　　　　須要剛硬正直，在困境中堅貞自持，才能化險為夷。
　　　　（吉）

（撲克牌數：4-3-5） 〔金錢卦數：966969-五爻〕

六五：噬乾肉，得黃金，貞厲，无咎。

〔象曰〕：貞厲无咎，得當也。

〔變通〕：本爻變為乾，重卦為无妄。

六五： 猶如帶骨的乾肉，像是剛強的金塗上中和過的黃
色。此象徵治理典獄時像咬到硬肉般不順利，但如
果中庸行事，貞正且惕厲自己，則無大礙。（平）

（撲克牌數：4-3-6）　☰☷　〔金錢卦數：966969-上爻〕

上九：何校滅耳，凶。
〔象曰〕：何校滅耳，聰不明也。
〔變通〕：本爻變為震，重卦為震。
上九：猶如刑罰過重，為犯人戴上過重的刑具，以致傷到
　　　　兩耳，有凶象。（凶）

（撲克牌數：4-4）☷☷ 〔金錢卦數：966966〕

卦五一　震　〔震震〕〔雷雷〕
震：亨，震來虩虩，笑言啞啞，震驚百里，不喪匕鬯。
【彖斷】：震，亨。震來虩虩，恐致福也；笑言啞啞，後有
　　　　則也；震驚百里，驚遠而懼邇也，出可以守宗廟
　　　　社稷，以為祭主也。
【原文】：洊雷，震。君子以恐懼脩省。
【占斷】：雖目前不順，但可扭轉，恐懼自戒，後必得福。
　　　　（撲克牌數：4-4-1）〔金錢卦數：966966-初爻〕
初九：震來虩虩，後笑言啞啞，吉。
〔象曰〕：震來虩虩，恐致福也；笑言啞啞，後有則也。
初九：萬物會因恐懼小心而致福，所以最後能笑呵呵。
　　　（吉）

（撲克牌數：4-4-2）〔金錢卦數：966966-二爻〕

六二：震來厲，億喪貝，躋于九陵，勿逐七日得。

〔象曰〕：震來厲，乘剛也。

〔變通〕：本爻變為兌，重卦為歸妹。

六二：戒慎恐懼，登上高山以躲避危險，七天內或者能失
　　　而復得。（凶）

（撲克牌數：4-4-3）  〔金錢卦數：966966-三爻〕

六三：震蘇蘇，震行无眚。

〔象曰〕：震蘇蘇，位不當也。

〔變通〕：本爻變為離，重卦為豐。

六三：雷震雖令人不安，但因為戒慎恐懼，所以能免除災
　　　難（眚）。（平）

（撲克牌數：4-4-4） ䷗ 〔金錢卦數：966966-四爻〕

九四：震遂泥。

〔象曰〕：震遂泥，未光也。

〔變通〕：本爻變為坤，重卦為復。

九四：彷彿掉入了泥淖裏，無力振作。（凶）

（撲克牌數：4-4-5）〔金錢卦數：966966－五爻〕

六五：震往來厲，億无喪，有事。

〔象曰〕：震往來厲，危行也，其事在中，大无喪也。

〔變通〕：本爻變為兌，重卦為隨。

六五：有內外交攻之象，但由於能審慎思慮，故能常保祭
祀社稷的大事。（凶）

（撲克牌數：4-4-6）　〔金錢卦數：966966-上爻〕

上六：震索索，視矍矍，征凶。震不于其躬于其鄰，无咎，
　　　婚媾有言。

〔象曰〕：震索索，中未得也；雖凶无咎，畏鄰戒也。

〔變通〕：本爻變為離，重卦為噬嗑。

上六：被震的非常慌張，眼睛也頻頻環顧四週十分地恐懼
　　　不安，如果冒然行事必然凶險。但是若能在變動還
　　　未降臨在自己身上只發生在週遭時，就能警覺，則
　　　能避險無咎，此時不宜談論婚嫁。（凶）

（撲克牌數：4-5）〔金錢卦數：966699〕

卦四二　益　〔巽震〕〔風雷〕

益：利有攸往，利涉大川。

【象斷】：益，損上益下，民說无疆，自上下下，其道大光。
　　　　利有攸往，中正有慶；利涉大川，木道乃行。

【原文】：風雷，益。君子以見善則遷，有過則改。

【占斷】：增益財富，行動積極，運氣通暢，凡事皆吉。

　　　　（撲克牌數：4-5-1）〔金錢卦數：966699-初爻〕

初九：利用為大作，元吉无咎。

〔象曰〕：元吉，无咎，下不厚事也。

初九：得到上位者的助益，所以能有所作為，大吉沒有遺
　　　憾。（吉）

（撲克牌數：4-5-2）　☰☱　〔金錢卦數：966699-二爻〕

六二：或益之十朋之龜，弗克違，永貞吉。王用亨于帝，吉。

〔象曰〕：或益之，自外來也。

〔變通〕：本爻變為兌，重卦為中孚。

六二：受上助益最大，好像受到了極尊貴的賞賜，不要推
　　　　辭，並要永保貞固，君王甚至讓他代為祭告上蒼，
　　　　故吉利。（吉）

（撲克牌數：4-5-3）☷☳ 〔金錢卦數：966699－三爻〕

六三：益之用凶事，无咎。有孚中行，告公用圭。

〔象曰〕：益用凶事，固有之也。

〔變通〕：本爻變為離，重卦為家人。

六三：此雖身處險境，但因受貴人的助益，所以可藉此除
　　　凶劇惡，並且以誠信的態度執中而行，彷彿以玉圭
　　　的信物據實以告君王，則能逢凶化吉。（凶）

（撲克牌數：4-5-4）〔金錢卦數：966699-四爻〕

六四：中行告公從，利用為依遷國。

〔象曰〕：告公從，以益志也。

〔變通〕：本爻變為乾，重卦為无妄。

六四：利用君臣一心的關係，如能上下一心，即使像遷國
　　　都這樣的難事，都可以進行的。（吉）

（撲克牌數：4-5-5）〓〓〔金錢卦數：966699－五爻〕

九五：有孚惠心，勿問元吉。有孚惠我德。

〔象曰〕：有孚惠心，勿問之矣；惠我德，大得志也。

〔變通〕：本爻變為艮，重卦為頤。

九五：陽剛正直，誠信自發於內，有嘉惠百姓之心，至於
　　　吉祥與否，則不須疑問。此誠信的態度與美德，人
　　　民自然能受惠良多。（吉）

（撲克牌數：4-5-6）▋▋ 〔金錢卦數：966699-上爻〕

上九：莫益之，或擊之，立心勿恒，凶。

〔象曰〕：莫益之，偏辭也；或擊之，自外來也。

〔變通〕：本爻變為坎，重卦為屯。

上九：不但不能助益於他人，甚至還有損人利己之象，常
　　　常不懷好意，故有凶象。（凶）

（撲克牌數：4-6）☵☳〔金錢卦數：966696〕

卦三　屯　〔坎震〕〔水雷〕

屯：元亨利貞，勿用有攸往，利建侯。

【象斷】：屯，剛柔始交而難生，動乎險中，大亨，貞。

【原文】：雲雷，屯，君子以經綸。

【占斷】：萬事起頭難，好事多磨，忍耐奮鬥，解除萬難。

（撲克牌數：4-6-1）〔金錢卦數：966696-初爻〕

初九：磐桓，利居貞，利建侯。

〔象曰〕：雖磐桓，志行正也。以貴下賤，大得民也。

初九：謙卑而得眾望，終能君臨天下，故不論任何事，時機未到，絕不可輕易採取行動。（平）

（撲克牌數：4-6-2）〔金錢卦數：966696-二爻〕

六二：迍如邅如，乘馬班如，匪寇婚媾，女子貞不字，十
　　　年乃字。

〔象曰〕：六二之難，乘剛也。十年乃字，反常也。

〔變通〕：本爻變為澤，重卦為節。

六二：任何事情都要花長久時間，持節苦鬥，終能獲得榮
　　　耀成果。（平）

（撲克牌數：4-6-3）  〔金錢卦數：966696-三爻〕

六三：即鹿无虞，惟入于林中，君子幾，不如舍，往吝。

〔象曰〕：即鹿无虞，以從禽也，君子舍之，往吝窮也。

〔變通〕：本爻變為離，重卦為既濟。

六三：一個人進入不熟悉而沒有嚮導引路的山中，要獲得
　　　獵物是很困難的事，吝有裝飾嘴巴，即巧言令色，
　　　言語不實的意思，即打不到獵物，而在回家的途中
　　　買獵物來裝模樣。（凶）

（撲克牌數：4-6-4）　　　〔金錢卦數：966696-四爻〕

六四：乘馬班如，求婚媾，往吉，无不利。
〔象曰〕：求而往，明也。
〔變通〕：本爻變為兌，重卦為隨。
六四：再度求婚，這次下決心向對方求婚，因為時機已經
　　　到了，就能夠獲得允諾。（吉）

（撲克牌數：4-6-5）〔金錢卦數：966696-五爻〕

九五：屯其膏，小貞吉，大貞凶。

〔象曰〕：屯其膏，施未光也。

〔變通〕：本爻變為坤，重卦為復。

九五：對於起碼的事可勉強做到，但要進行大事，則有危險之虞。凡事應依照自己的能力而為，絕對不可逞強。（平）

（撲克牌數：4-6-6）　　　〔金錢卦數：966696-上爻〕

上六：乘馬班如，泣血漣如。

〔象曰〕：泣血漣如，何可長也。

〔變通〕：本爻變為巽，重卦為益。

上六：為屯難已極之象，如騎馬欲進，繞了幾圈仍未前進，
　　　　沒有辦法而感觸如流下血淚般傷痛，進無必為之
　　　　才，退有無益之泣，既無才，又無助，朝不保夕，
　　　　日暮途窮。此爻為煩惱到了極點。（凶）

（撲克牌數：4-7）▤▤ 〔金錢卦數：966669〕

卦二七　頤　〔艮震〕〔山雷〕

頤：貞吉，觀頤，自求口實。

【象斷】：頤，貞吉，養正則吉也。觀頤，觀其所養也；自
　　　　　求口實，觀其自養也。天地養萬物，聖人養賢以
　　　　　及萬民，頤之時大矣哉。

【原文】：山下有雷，頤。君子以慎言語，節飲食。

【占斷】：謹言慎行，知時識物，純正以養就會吉利。

　　　　（撲克牌數：4-7-1）〔金錢卦數：966669-初爻〕

初九：舍爾靈龜，觀我朵頤，凶。

〔象曰〕：觀我朵頤，亦不足貴也。

初九：如此倚賴他人的態度，終有凶象。（凶）

（撲克牌數：4-7-2）　　　〔金錢卦數：966669-二爻〕

六二：顛頤，拂經，于丘頤，征凶。

〔象曰〕：六二征凶，行失類也。

〔變通〕：本爻變為兌，重卦為損。

六二：違反了常理，要在下位者頤養上位者，如此行動會
　　　有凶象。（凶）

（撲克牌數：4-7-3）〔金錢卦數：966669－三爻〕

六三：拂頤，貞凶，十年勿用，无攸利。

〔象曰〕：十年勿用，道大悖也。

〔變通〕：本爻變為離，重卦為賁。

六三：求上供養的姿態到極點，所以違反了頤養的原則。
　　　　此時要堅貞自守以保吉祥，在十年內都不要有所作
　　　　為，因為一點好處也沒有。（凶）

（撲克牌數：4-7-4）　　　　〔金錢卦數：966669-四爻〕

六四：顛頤，吉，虎視眈眈，其欲逐逐。无咎。

〔象曰〕：顛頤之吉，上施光也。

〔變通〕：本爻變為離，重卦為噬嗑。

六四：彷彿是在上位者向人民徵稅，取於人民而用於人
　　　　民，故吉。雖然對人民虎視眈眈而且慾望不絕，但
　　　　由於徵稅是為了國家建設，有大公無私的精神，所
　　　　以無咎。（吉）

（撲克牌數：4-7-5）　〔金錢卦數：966669－五爻〕

六五：拂經，居貞吉，不可涉大川。

〔象曰〕：居貞之吉，順以從上也。

〔變通〕：本爻變為巽，重卦為益。

六五：有負於其頤養萬民的責任，所以是拂經，違反了常
　　　理，幸好能謙沖自牧，以堅貞自居則有吉，但不可
　　　以冒險犯難。（吉）

（撲克牌數：4-7-6）　　　〔金錢卦數：966669-上爻〕

上九：由頤，屬吉，利涉大川。

〔象曰〕：由頤屬吉，大有慶也。

〔變通〕：本爻變為坤，重卦為復。

上九：天下皆得到供養，此時仍應記得當年的艱辛危險，
　　　可保吉祥，而且可以冒險犯難，拯救蒼生。（平）

（撲克牌數：4-8）☷☳ 〔金錢卦數：966666〕

卦二四　復　〔坤震〕〔地雷〕

復：亨，出入无疾，朋來无咎，反復其道，七日來復，利
　　有攸往。

【解象】：復綜剝。

【彖斷】：復，亨。剛反，動而以順行，是以出入无疾，朋
　　　　　來无咎，反復其道，七日來復，天行也。

【原文】：雷在地中，復，先王以至日閉關，。

【占斷】：可進可退，如願以償，壞運轉好運，事物趨成功。
　　　　（撲克牌數：4-8-1）〔金錢卦數：966666-初爻〕

初九：不遠復，无祗悔，元吉。

〔象曰〕：不遠之復，以脩身也。

初九：不會有災難與悔恨，大吉。（吉）

（撲克牌數：4-8-2）　〔金錢卦數：966666-二爻〕

六二：休復，吉。
〔象曰〕：休復之吉，以下仁也。
〔變通〕：本爻變為兌，重卦為臨。
六二：休養生息，回復正道之象，故吉。（吉）

（撲克牌數：4-8-3）☷☳〔金錢卦數：966666－三爻〕

六三：頻復，屬无咎。

〔象曰〕：頻復之屬，義无咎也。

〔變通〕：本爻變為離，重卦為明夷。

六三：皺著眉頭不情不願的返回正道，會有危險，但回復
　　　　正道則會沒有禍害。（凶）

（撲克牌數：4-8-4）☰☷〔金錢卦數：966666-四爻〕

六四：中行獨復。

〔象曰〕：中行獨復，以從道也。

〔變通〕：本爻變為震，重卦為震。

六四：可返回正道。（平）

（撲克牌數：4-8-5）〔金錢卦數：966666-五爻〕

六五：敦復，无悔。

〔象曰〕：敦復无悔，中以自考也。

〔變通〕：本爻變為坎，重卦為屯。

六五：敦厚的返回正道，故不會有悔恨。（吉）

（撲克牌數：4-8-6）　▤▤　〔金錢卦數：966666-上爻〕

上六：迷復，凶。有災眚，用行師，終有大敗。以其國君
　　　凶，至于十年不克征。

〔象曰〕：迷復之凶，反君道也。

〔變通〕：本爻變為艮，重卦為頤。

上六：有迷途不復返的危險，故凶，會有天災人禍，此時
　　　出兵作戰，一定會大敗，甚至拖累到國君，打了十
　　　年還是打不贏的。（凶）

（撲克牌數：5-1）　〔金錢卦數：699999〕

卦四四　姤　〔乾巽〕〔天風〕

姤：女壯，勿用取女。

【彖斷】：姤，遇也，柔遇剛也。勿用取女，不可與長也。
　　　　　天地相遇，品物咸章也；剛遇中正，天下大行也，
　　　　　姤之時義大矣哉。

【原文】：天下有風，姤。后以施命誥四方。

【占斷】：氣運轉壞，時運不濟，謹言慎行，防災防禍。

　　　　（撲克牌數：5-1-1）〔金錢卦數：699999-初爻〕

初六：繫于金柅，貞吉，有攸往。見凶，羸豕孚蹢躅。

〔象曰〕：繫于金柅，柔道牽也。

初六：若能靜不動的話，當能吉祥，如果躁動，則有凶禍。
　　　（平）

（撲克牌數：5-1-2）　〔金錢卦數：699999－二爻〕

九二：包有魚，无咎，不利賓。

〔象曰〕：包有魚，義不及賓也。

〔變通〕：本爻變為艮，重卦為遯。

九二：猶如廚房平白多了一條魚沒關係，不是本身的過
　　　　錯，但這條魚用來宴請賓客則不可行。（平）

（撲克牌數：5-1-3）　〔金錢卦數：699999-三爻〕

九三：臀无膚，其行次且，厲，无大咎。

〔象曰〕：其行次且，行未牽也。

〔變通〕：本爻變為坎，重卦為訟。

九三：有過於躁進之象，行動便受到牽連而不方便，會有
　　　危險，但無大礙。（凶）

（撲克牌數：5-1-4）　　〔金錢卦數：699999-四爻〕

九四：包无魚，起凶。

〔象曰〕：无魚之凶，遠民也。

〔變通〕：本爻變為巽，重卦為巽。

九四：陰柔相應，相連，就如廚房沒魚了，有凶象。（凶）

（撲克牌數：5-1-5） 〔金錢卦數：699999-五爻〕

九五：以杞包瓜，含章，有隕自天。

〔象曰〕：九五含章，中正也，有隕自天，志不舍命也。

〔變通〕：本爻變為離，重卦為鼎。

九五： 猶如以高大的杞木庇護著瓜蔓，會有美妙的事物從
天而降。（平）

（撲克牌數：5-1-6）　〔金錢卦數：699999-上爻〕

上九：姤其角，吝，无咎。

〔象曰〕：姤其角，上窮吝也。

〔變通〕：本爻變為兌，重卦為大過。

上九：有窮吝之象，但無大禍害。（凶）

（撲克牌數：5-2）〔金錢卦數：699996〕

卦二八　大過　〔兌巽〕〔澤風〕

大過：棟橈，利有攸往，亨。

【象斷】：大過，大者過也。棟橈，本末弱也。剛過而中，
　　　　　巽而說行，利有攸往，乃亨，大過之時大矣哉。

【原文】：澤滅木，大過，君子以獨立不懼，遯世无悶。

【占斷】：時運不濟，挫折多敗，切勿妄動，宜修德等待時
　　　　　機。

（撲克牌數：5-2-1）〔金錢卦數：699996-初爻〕

初六：藉用白茅，无咎。

〔象曰〕：藉用白茅，柔在下也。

初六：承受很大的壓力，故以祭祀用的白茅為裝飾來象徵
　　　自己謙和尊敬的姿態，所以可以無咎。（平）

（撲克牌數：5-2-2）　〔金錢卦數：699996－二爻〕

九二：枯楊生稊，老夫得其女妻，无不利。

〔象曰〕：老夫女妻，過以相與也。

〔變通〕：本爻變為艮，重卦為咸。

九二：猶如枯萎的楊樹重生枝芽，老夫娶得少妻，心情歡
　　　　樂而無往不利。（吉）

（撲克牌數：5-2-3）☰☱ 〔金錢卦數：699996-三爻〕

九三：棟橈，凶。

〔象曰〕：棟橈之凶，不可以有輔也。

〔變通〕：本爻變為坎，重卦為困。

九三：太過於剛硬，容易彎曲，恐有凶險。（凶）

（撲克牌數：5-2-4）　〔金錢卦數：699996-四爻〕

九四：棟隆，吉，有它吝。

〔象曰〕：棟隆之吉，不橈乎下也。

〔變通〕：本爻變為坎，重卦為井。

九四：外剛內柔，有吉象，但太陰柔，恐有憾事。（吉）

（撲克牌數：5-2-5）〔金錢卦數：699996-五爻〕

九五：枯楊生華，老婦得其士夫，无咎无譽。

〔象曰〕：枯楊生華，何可久也；老婦士夫，亦可醜也。

〔變通〕：本爻變為震，重卦為恒。

九五：猶如強壯的丈夫配上衰老的婦人，鮮花開在枯木
　　　上，雖然無咎，但因為婚姻不會幸福，夫妻感情不
　　　好，也不會有好的名聲。（平）

（撲克牌數：5-2-6）　〔金錢卦數：699996-上爻〕

上六：過涉滅頂，凶，无咎。
〔象曰〕：過涉之凶，不可咎也。
〔變通〕：本爻變為乾。重卦為姤。
上六：陰陽調和，但仍因力量不足而有水深滅頂之凶象，
　　　　不過無大礙。（凶）

（撲克牌數：5-3）☰☲ 〔金錢卦數：699969〕

卦五十　鼎　〔離巽〕〔火風〕

鼎：元吉亨。

【彖斷】：鼎，象也。以木巽火，亨飪也。聖人亨以享上帝，
　　　　　而大亨以養聖賢。巽而耳目聰明，柔進而上行，
　　　　　得中而應乎剛，是以元亨。

【原文】：木上有火，鼎。君子以正位凝命。

【占斷】：氣運亨通，百事吉祥。

（撲克牌數：5-3-1）〔金錢卦數：699969-初爻〕

初六：鼎顛趾，利出否。得妾以其子，无咎。

〔象曰〕：鼎顛趾，未悖也。利出否，以從貴也。

初六：有不勝負荷，鼎足顛覆，展開新局，沒有什麼大礙。
　　　（吉）

（撲克牌數：5-3-2）　〔金錢卦數：699969–二爻〕

九二：鼎有實，我仇有疾，不我能即，吉。

〔象曰〕：鼎有實，慎所之也；我仇有疾，終无尤也。

〔變通〕：本爻變為艮，重卦為旅。

九二：猶如鼎中食物豐實，雖然同伴過於柔順，但是不能
　　　　影響我，故有吉象。（吉）

（撲克牌數：5-3-3）  〔金錢卦數：699969－三爻〕

九三：鼎耳革，其行塞。雉膏不食，方雨虧悔，終吉。

〔象曰〕：鼎耳革，失其義也。

〔變通〕：本爻變為坎，重卦為未濟。

九三：猶如革除鼎耳之象，所以行動受到阻礙，鼎裏美妙
　　　的雞湯也不能享用了，不過當陰陽調和的雨下過以
　　　後，便能使後悔漸漸消減，終有吉象。（吉）

（撲克牌數：5-3-4） 〔金錢卦數：699969-四爻〕

九四：鼎折足，覆公餗，其形渥，凶。

〔象曰〕：覆公餗，信如何也。

〔變通〕：本爻變為艮，重卦為蠱。

九四：過於剛強，象徵鼎內食物過於沈重，使鼎足折傷，
　　　　連裏面的食物也翻覆了，並且會遭到殺戮的刑罰，
　　　　有凶象。德薄位尊、智小謀大、力小擔重，故凶。
　　　　（凶）

（撲克牌數：5-3-5）〔金錢卦數：699969-五爻〕

六五：鼎黃耳，金鉉，利貞。

〔象曰〕：鼎黃耳，中以為實也。

〔變通〕：本爻變為乾，重卦為姤。

六五：黃為中和之色，形如鼎耳，故曰鼎黃耳，執鼎耳、
　　　挑鼎鉉，要保持貞正才會有利。（平）

（撲克牌數：5-3-6）　☰☰　〔金錢卦數：699969-上爻〕

上九：鼎玉鉉，大吉无不利。

〔象曰〕：玉鉉在上，剛柔節也。

上九：猶如鼎鉉，但像玉一樣溫潤，所以無論做任何事都
　　　　大吉。（吉）

（撲克牌數：5-4）☰ 〔金錢卦數：699966〕

卦三二　恒　〔震巽〕〔雷風〕

恒：亨，无咎，利貞，利有攸往。

【象斷】：恒，久也。剛上而柔下，雷風相與，巽而動，剛
　　　　　柔皆應，恒。恒，亨，无咎，利貞，久於其道也。

【原文】：雷風，恒，君子以立不易方。

【占斷】：守正守恆，擇善固執，如願以償，運勢平安。

　　　　（撲克牌數：5-4-1）〔金錢卦數：699966-初爻〕

初六：浚恒，貞凶。无攸利。

〔象曰〕：浚恒之凶，始求深也。

初六：有急切尋求永恆之道的意味，但是若不貞正自持，
　　　則會因為過於著急、魯莽行事而招致凶險，沒有好
　　　處。（凶）

（撲克牌數：5-4-2）　〔金錢卦數：699966-二爻〕

九二：悔亡。

〔象曰〕：九二悔亡，能久中也。

〔變通〕：本爻變為艮，重卦為小過。

九二：會有悔恨，但悔恨能消亡。（平）

（撲克牌數：5-4-3）〔金錢卦數：699966-三爻〕

九三：不恒其德，或承之羞，貞吝。

〔象曰〕：不恒其德，无所容也。

〔變通〕：本爻變為坎，重卦為解。

九三：恐過於急切而無法恆久地遵守美德，甚至可能招來
　　　　羞辱，故要以貞靜才能保有吉祥。（凶）

（撲克牌數：5-4-4）　〔金錢卦數：699966-四爻〕

九四：田无禽。
〔象曰〕：久非其位，安得禽也。
〔變通〕：本爻變為坤，重卦為升。
九四：猶如在沒有獵物的地方打獵，白費功夫。（凶）

（撲克牌數：5-4-5）　　　　　〔金錢卦數：699966-五爻〕

六五：恒其德，貞，婦人吉，夫子凶。

〔象曰〕：婦人貞吉，從一而終也，夫子制義，從婦凶也。

〔變通〕：本爻變為兌，重卦為大過。

六五：能恆常而柔順地遵守貞正的婦道，故吉。但男子的
　　　　個性太過於柔順的話，則容易流於猶豫不決，一事
　　　　無成，故此爻對婦女為吉，對男子則有凶象。（凶）

（撲克牌數：5-4-6）　〔金錢卦數：699966－上爻〕

上六：振恒，凶。

〔象曰〕：振恒在上，大无功也。

〔變通〕：本爻變為離，重卦為鼎。

上六：震動過於激烈，無法持之以恆，所以有凶象。（凶）

（撲克牌數：5-5）　〔金錢卦數：699699〕

卦五七　巽　〔巽巽〕〔風風〕

巽：小亨，利有攸往，利見大人。

【象斷】：重巽以申命，剛巽乎中正而志行，柔皆順乎剛，
　　　　　是以小亨，利有攸往，利見大人。

【原文】：隨風，巽。君子以申命行事。

【占斷】：稍有小成，利於出行，更利於會見長者先進。

（撲克牌數：5-5-1）〔金錢卦數：699699-初爻〕

初六：進退，利武人之貞。

〔象曰〕：進退，志疑也；利武人之貞，志治也。

初六：有進退失據之象，但爻辭認為應像武將一般勇敢而
　　　貞正。（平）

（撲克牌數：5-5-2）　〔金錢卦數：699699-二爻〕

九二：巽在床下，用史巫紛若，吉，无咎。

〔象曰〕：紛若之吉，得中也。

〔變通〕：本爻變為艮，重卦為漸。

九二：猶如躲在床下的盜賊，所幸效法古代祝史巫師勤奮
　　　　地勸導，使之向善，故吉而無咎。（吉）

（撲克牌數：5-5-3）　　〔金錢卦數：699699－三爻〕

九三：頻巽，吝。

〔象曰〕：頻巽之吝，志窮也。

〔變通〕：本爻變為坎，重卦為渙。

九三：有過於謙遜而愁眉不展之象，故會有憾事。（凶）

（撲克牌數：5-5-4）　　〔金錢卦數：699699-四爻〕

六四：悔亡，田獲三品。

〔象曰〕：田獲三品，有功也。

〔變通〕：本爻變為乾，重卦為姤。

六四：本應有悔，但因能使悔恨消失，並能大有所獲，像
　　　是在田獵時得到許多獵物一般。（平）

（撲克牌數：5-5-5）  〔金錢卦數：699699-五爻〕

九五：貞吉，悔亡无不利。无初有終，先庚三日，後庚三日，吉。

〔象曰〕：九五之吉，位正中也。

〔變通〕：本爻變為艮，重卦為蠱。

九五：本應有悔恨，但是能使悔恨消失，雖然剛正地申命行事，最初不能接受，但最終會有好的結果，在庚日前三日發佈命令，在庚日後三日就能實行，故有吉祥。（吉）

（撲克牌數：5-5-6）　〔金錢卦數：699699-上爻〕

上九：巽在床下，喪其資斧，貞凶。

〔象曰〕：巽在床下，上窮也；喪其資斧，正乎凶也。

〔變通〕：本爻變為坎，重卦為井。

上九：猶如謙遜過度，好像躲到了床下，失去了財產及防身的斧頭，需要貞正自持以防凶險。（凶）

（撲克牌數：5-6）　〔金錢卦數：699696〕

卦四八　井　〔坎巽〕〔水風〕

井：改邑不改井，无喪无得。往來井井，汔至，亦未繘井，
　　　羸其瓶，凶。

【象斷】：巽乎水而上水，井，井養而不窮也。改邑不改井，
　　　　　乃以剛中也；汔至亦未繘井，未有功也。

【原文】：木上有水，井。君子以勞民勸相。

【占斷】：依例行事，氣運平順，堅持貞正，無得無失。

　　　　（撲克牌數：5-6-1）〔金錢卦數：699696-初爻〕

初六：井泥不食，舊井无禽。

〔象曰〕：井泥不食，下也；舊井无禽，時舍也。

初六：猶如井底，污泥堆積，井水不可飲用。（凶）

（撲克牌數：5-6-2）　〔金錢卦數：699696-二爻〕

九二：井谷射鮒，甕敝漏。

〔象曰〕：井谷射鮒，无與也。

〔變通〕：本爻變為艮，重卦為蹇。

九二：井谷，出水的井穴，井中本已有水，但井水不能為
　　　　其所用，卻拿來做射魚的遊戲，而取水的甕也都破
　　　　敗漏水了。（凶）

（撲克牌數：5-6-3）  〔金錢卦數：699696-三爻〕

九三：井渫不食，為我心惻，可用汲，王明，並受其福。

〔象曰〕：井渫不食，行惻也；求王明，受福也。

〔變通〕：本爻變為坎，重卦為坎。

九三：水井已經整治而可以使用了，但水尚未被汲取上
　　　來，這樣的情形令人感到悲傷，不過終能為英明的
　　　君王所賞識，共享此福澤。（吉）

（撲克牌數：5-6-4）　〔金錢卦數：699696-四爻〕

六四：井甃，无咎。

〔象曰〕：井甃无咎，脩井也。

〔變通〕：本爻變為兌，重卦為大過。

六四：此時只好修井靜待時機，故沒有禍害。（平）

（撲克牌數：5-6-5）　〔金錢卦數：699696-五爻〕

九五：井洌，寒泉食。

〔象曰〕：寒泉之食，中正也。

〔變通〕：本爻變為坤，重卦為升。

九五：像是一口寒洌的井，而井水以寒洌為最佳，所以可以讓眾人飲用。（平）

（撲克牌數：5-6-6）☰☷〔金錢卦數：699696-上爻〕

上六：井收勿幕，有孚元吉。

〔象曰〕：元吉在上，大成也。

〔變通〕：本爻變為巽，重卦為巽。

上六：水已汲取出來，水井之功告成，此時不能將井口封
　　　蓋，而以誠信之心供眾人飲用，才能大獲吉祥。
　　　（吉）

（撲克牌數：5-7） ䷑ 〔金錢卦數：699669〕

卦十八　䷑　〔艮巽〕〔山風〕

蠱：元亨，利涉大川，先甲三日，後甲三日。

【象斷】：蠱，剛上而柔下，巽而止，蠱。蠱元亨，而天下
　　　　　治也；利涉大川，往有事也；先甲三日，後甲三
　　　　　日，終則有始，天行也。

【原文】：山下有風，蠱，君子以振民育德。

【占斷】：運氣不佳，內憂外患、家務廢弛、凡事多加小心。

　　　　　（撲克牌數：5-7-1）〔金錢卦數：699669-初爻〕

初六：幹父之蠱，有子考无咎，屬終吉。

〔象曰〕：幹父之蠱，意承考也。

初六：雖說興革除弊的過程會有危險，但最終會得到吉
　　　祥。(吉)

（撲克牌數：5-7-2）　☷☶　〔金錢卦數：699669-二爻〕

九二：幹母之蠱，不可貞。

〔象曰〕：幹母之蠱，得中道也。

〔變通〕：本爻變為艮，重卦為艮。

九二：能革除母親所留下來的惑亂，但是方法不可過於剛
　　　直，只能婉言相勸。（凶）

（撲克牌數：5-7-3）  〔金錢卦數：699669-三爻〕

九三：幹父之蠱，小有悔，无大咎。

〔象曰〕：幹父之蠱，終无咎也。

〔變通〕：本爻變為坎，重卦為蒙。

九三：小有悔恨，但正直而行，只要能革除父執輩留下來
　　　 的弊亂，終究不會有太大的禍害。（凶）

（撲克牌數：5-7-4）　☲☷　〔金錢卦數：699669-四爻〕

六四：裕父之蠱，往見吝。

〔象曰〕：裕父之蠱，往未得也。

〔變通〕：本爻變為離，重卦為鼎。

六四：猶如對父親的過錯太過於寬鬆的對待，無法革除積
　　　　弊，長此以往，必會有所遺憾。（凶）

（撲克牌數：5-7-5） 〔金錢卦數：699669-五爻〕

六五：幹父之蠱，用譽。

〔象曰〕：幹父用譽，承以德也。

〔變通〕：本爻變為巽，重卦為巽。

六五：有柔順的本質，且能革除先人的弊端，得到很好的
　　　　名聲。（平）

（撲克牌數：5-7-6）　〔金錢卦數：699669-上爻〕

上九：不事王侯，高尚其事。

〔象曰〕：不事王侯，志可則也。

〔變通〕：本爻變為坤，重卦為升。

上九：蠱亂已除，此時不需再求助及服侍於王侯，可以順
　　　從自己的興趣從事更高尚的志業了。（平）

（撲克牌數：5-8） 〔金錢卦數：699666〕

卦四六　升　〔坤巽〕〔地風〕

升：元亨，用見大人，勿恤，南征吉。

【彖斷】：柔柔以時升，巽而順，剛中而應，是以大亨；用
　　　　　見大人，勿恤，有慶也；南征吉，志行也。

【原文】：地中生木，升。君子以順德，積小以高大。

【占斷】：名利雙收，萬事如意，得見偉人，南進屬吉。

　　　　（撲克牌數：5-8-1）〔金錢卦數：699666-初爻〕

初六：允升，大吉。

〔象曰〕：允升大吉，上合志也。

初六：因能誠信地依附而上升，故大吉。（吉）

（撲克牌數：5-8-2）　䷎　〔金錢卦數：699666-二爻〕

九二：孚乃利用禴，无咎。

〔象曰〕：九二之孚，有喜也。

〔變通〕：本爻變為艮，重卦為謙。

九二：能利用祭祀的方式來表明誠信，故無害。（平）

（撲克牌數：5-8-3）〔金錢卦數：699666－三爻〕

九三：升虛邑。

〔變通〕：本爻變為坎，重卦為師。

〔象曰〕：升虛邑，无所疑也。

九三：有上升至空虛的城邑之象，無須疑懼。（平）

（撲克牌數：5-8-4）　　〔金錢卦數：699666-四爻〕

六四：王用亨于岐山，吉无咎。
〔象曰〕：王用亨于岐山，順事也。
〔變通〕：本爻變為震，重卦為恒。
六四：得信任，可以代替君主至岐山進行祭祀，吉而無害。
　　　　（吉）

（撲克牌數：5-8-5）　〔金錢卦數：699666-五爻〕

六五：貞，吉，升階。

〔象曰〕：貞吉升階，大得志也。

〔變通〕：本爻變為坎，重卦為井。

六五：可獲吉祥，能拾階而上，步步高升。（吉）

（撲克牌數：5-8-6）☷☴ 〔金錢卦數：699666－上爻〕

上六：冥升，利于不息之貞。

〔象曰〕：冥升在上，消不富也。

〔變通〕：本爻變為艮，重卦為蠱。

上六：冥，昏暗不明。有昏昧上升之象，此時要堅定地保
　　　　持貞正，才會有利。（平）

（撲克牌數：6-1）☲☵〔金錢卦數：696999〕

卦六　訟　〔乾坎〕〔天水〕

訟：有孚，窒，惕中吉，終凶。利見大人，不利涉大川。

【象斷】：訟，上剛下險，險而健。訟，訟有孚，窒惕，中吉，剛來而得中也。終凶，訟不可成也。利見大人，尚中正也。不利涉大川，入于淵也。

【原文】：天與水違行，訟，君子以作事謀始。

【占斷】：氣運不佳，凡事齟齬，退守待機，不宜爭訟。

（撲克牌數：6-1-1）〔金錢卦數：696999-初爻〕

初六：不永所事，小有言，終吉。

〔象曰〕：不永所事，訟不可長也，雖小有言，其辯明也。

初六：自己的辯解能被對方坦直的接受。（吉）

（撲克牌數：6-1-2）　〔金錢卦數：696999－二爻〕

九二：不克訟，歸而逋，其邑人三百戶，无眚。

〔象曰〕：不克訟，歸逋，竄也。自下訟上，患至掇也。

〔變通〕：本爻變為坤，重卦為否。

九二：以簡約自處，如可免於災眚。頑固、逞強、好與人
　　　　爭的，結果仍然枉費心機，做了無謂抵抗，也無法
　　　　取勝，只有增添自己的損失。（平）

（撲克牌數：6-1-3）〔金錢卦數：696999－三爻〕

六三：食舊德，貞，厲終吉。或從王事，无成。

〔象曰〕：食舊德，從上吉也。

〔變通〕：本爻變為巽，重卦為姤。

六三：以陰柔無為而安守本份，承食祖先所遺留的俸祿而
　　　柔順以待，則雖處危厲之地而終吉。因此，必需警
　　　戒不要受人利用，也不要抱持太大的野心，只要忠
　　　實的守住本份即可。（平）

（撲克牌數：6-1-4）　〔金錢卦數：696999-四爻〕

九四：不克訟，復即命，渝安貞，吉。

〔象曰〕：復即命，渝安貞，不失也。

〔變通〕：本爻變為巽，重卦為渙。

九四：知與其相爭是不利而退以自守，復安於命，以自改
　　　　其過，即戒人應知本份，不與人爭。（吉）

（撲克牌數：6-1-5） 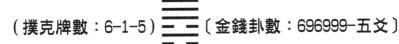 〔金錢卦數：696999－五爻〕

九五：訟，元吉。

〔象曰〕：訟元吉，以中正也。

〔變通〕：本爻變為離，重卦為未濟。

九五：斷訟而得平，不偏不倚，循中正之理，使訟者與被
　　　訟者莫不允服，故謂元吉。（吉）

（撲克牌數：6-1-6）　　〔金錢卦數：696999-上爻〕

上九：或錫之鞶帶，終朝三褫之。

〔象曰〕：以訟受服，亦不足敬也。

〔變通〕：本爻變為兌，重卦為困。

上九：雖然訴訟僥倖得勝，至於受服命之賞也是與人爭訟
　　　　所獲，招怨結仇，豈能長保，所以過份得意或因不
　　　　遜、不正而使玩弄的策略被洩露，終必喪失地位而
　　　　致無地自容。做任何事皆應加以反省，不可過於勉
　　　　強。（平）

（撲克牌數：6-2）☷☵〔金錢卦數：696996〕

卦四七 困 〔兌坎〕〔澤水〕

困：亨，貞。大人吉，无咎，有言不信。

【象斷】：困，剛揜也。險以說，困而不失其所亨，其唯君
子乎。貞大人吉，以剛中也；有言不信，尚口乃
窮也。

【原文】：澤无水，困。君子以致命遂志。

【占斷】：孤獨窮困，千辛萬難，堅持正義，安貧樂道。

（撲克牌數：6-2-1）〔金錢卦數：696996-初爻〕

初六：臀困于株木，入于幽谷，三歲不覿。

〔象曰〕：入于幽谷，幽不明也。

初六：猶如枯坐在被砍下的林木之間，孤立無援，此時最
好躲入幽谷之間，三年都過著不見天日的生活。（凶）

（撲克牌數：6-2-2）〔金錢卦數：696996-二爻〕

九二：困于酒食，朱紱方來，利用亨祀，征凶，无咎。
〔象曰〕：困于酒食，中有慶也。
〔變通〕：本爻變為坤，重卦為萃。
九二：雖然在酒食上有所困乏，但榮祿即將到來，只要誠
　　　　心祭祀就沒有大礙，不過莽撞行事會有凶象。（凶）

（撲克牌數：6-2-3）  〔金錢卦數：696996－三爻〕

六三：困于石，據于蒺藜，入于其宮，不見其妻，凶。

〔象曰〕：據于蒺藜，乘剛也，入于其宮，不見其妻，不祥
　　　　也。

〔變通〕：本爻變為巽，重卦為大過。

六三：猶如上有硬石壓迫，下有蒺藜相刺，所以有凶象。
　　　（凶）

（撲克牌數：6-2-4）　　〔金錢卦數：696996－四爻〕

九四：來徐徐，困于金車，吝，有終。
〔象曰〕：來徐徐，志在下也。雖不當位，有與也。
〔變通〕：本爻變為坎，重卦為坎。
九四：猶如受困在金車之中，只要謙沖自牧，雖有遺憾但
　　　　終能一償宿願。（凶）

（撲克牌數：6-2-5）〔金錢卦數：696996－五爻〕

九五：劓刖，困于赤紱，乃徐有說，利用祭祀。

〔象曰〕：劓刖，志未得也；乃徐有說，以中直也；利用祭
　　　　祀，受福也。

〔變通〕：本爻變為震，重卦為解。

九五：此爻太過剛健，故有施用削鼻砍足之刑的跡象，指
　　　　上位者施政過於嚴厲，反受困其中，如果誠心祭祀，
　　　　則能慢慢脫困。（凶）

（撲克牌數：6-2-6）　〔金錢卦數：696996-上爻〕

上六：困于葛藟，于臲卼，曰動悔，有悔征吉。

〔象曰〕：困于葛藟，未當也；動悔有悔，吉行也。

〔變通〕：本爻變為乾，重卦為訟。

上六：猶如困於藤蔓之中，狀況極為動盪不安，相當後悔，
　　　但是只要能誠心改過悔悟，則可勇往直前，無往不
　　　利了。（平）

（撲克牌數：6-3）䷿ 〔金錢卦數：696969〕

卦六四　未濟　〔離坎〕〔火水〕

未濟：亨，小狐汔濟，濡其尾，无攸利。

【象斷】：未濟亨，柔得中也；小狐汔濟，未出中也；濡其
　　　　尾，无攸利，不續終也，雖不當位，剛柔應也。

【原文】：火在水上，未濟。君子以慎辨物居方。

【占斷】：成敗未卜，貞正永固，繼續努力。

　　　　（撲克牌數：6-3-1）〔金錢卦數：696969-初爻〕

初六：濡其尾，吝。

〔象曰〕：濡其尾，亦不知極也。

初六：猶如勉力而行之象，所以像小狐狸渡河一樣不自量
　　　力，沾濕了尾巴，徒留遺憾了。（凶）

（撲克牌數：6-3-2）　〔金錢卦數：696969－二爻〕

九二：曳其輪，貞吉。

〔象曰〕：九二貞吉，中以行正也。

〔變通〕：本爻變為坤，重卦為晉。

九二：像車輪被拴住，被牽絆住，不可貿然前進，謹慎才
　　　能吉。（吉）

（撲克牌數：6-3-3）〔金錢卦數：696969-三爻〕

六三：未濟，征凶，利涉大川。

〔象曰〕：未濟征凶，位不當也。

〔變通〕：本爻變為巽，重卦為鼎。

六三：體質陰柔，所以躁然前行會有危險，但適合冒險，
　　　以突破逆境。（凶）

（撲克牌數：6-3-4）　☷☵　〔金錢卦數：696969-四爻〕

九四：貞吉，悔亡。震用伐鬼方，三年有賞于大國。

〔象曰〕：貞吉悔亡，志行也。

〔變通〕：本爻變為艮，重卦為蒙。

九四：已脫離險境，陽剛堅定，後悔消失，並以剛健之姿，
　　　　可以助君王果敢地討伐鬼方，經三年的努力，終於
　　　　能受封為大國的諸侯。（平）

（撲克牌數：6-3-5）　〔金錢卦數：696969－五爻〕

六五：貞吉，无悔，君子之光，有孚，吉。

〔象曰〕：君子之光，其暉吉也。

〔變通〕：本爻變為乾，重卦為訟。

六五：只要貞正有持，可得吉祥。雖有悔恨，但可消失，
　　　　君子只要以誠信待人，便能得吉。（吉）

（撲克牌數：6-3-6）　　　〔金錢卦數：696969-上爻〕

上九：有孚于飲酒，无咎。濡其首，有孚失是。

〔象曰〕：飲酒濡首，亦不知節也。

〔變通〕：本爻變為震，重卦為解。

上九：　猶如未濟之事已經成熟，只要誠信便可盡情與人飲
　　　　酒作樂，不會招致遺憾了，但若飲酒過度，小狐狸
　　　　渡河一樣沾濕了頭，即使有誠信，也失去了意義了。
　　　　（平）

（撲克牌數：6-4）☵☳〔金錢卦數：696966〕

卦四十　解　〔震坎〕〔雷水〕

解：利西南，无所往，其來復吉。有攸往，夙吉。

【象斷】：解，險以動，動而免乎險，解。解，利西南，往
　　　　　得眾也；其來復吉，乃得中也；有攸往夙吉，往
　　　　　有功也。

【原文】：雷雨作，解。君子以赦過宥罪。

【占斷】：**確定目標，宜儘快行動。**

（撲克牌數：**6-4-1**）〔金錢卦數：**696966-初爻**〕

初六：无咎。

〔象曰〕：剛柔之際，義无咎也。

初六：**陰陽相調，所以無咎。（平）**

（撲克牌數：6-4-2）〔金錢卦數：696966－二爻〕

九二：田獲三狐，得黃矢，貞吉。

〔象曰〕：九二貞吉，得中道也。

〔變通〕：本爻變為坤，重卦為豫。

九二：剛直，彷彿黃矢，以黃矢而獲三狐，貞正而吉祥。

（吉）

（撲克牌數：6-4-3）　〔金錢卦數：696966－三爻〕

六三：負且乘，致寇至，貞吝。

〔象曰〕：負且乘，亦可醜也，自我致戎，又誰咎也。

〔變通〕：本爻變為巽，重卦為恆。

六三：以小人之實、行君子之名，大肆招搖，定會招致盜
　　　寇，需要貞正以免留下遺憾。（凶）

（撲克牌數：6-4-4）☰☷ 〔金錢卦數：696966-四爻〕

九四：解而拇，朋至斯孚。

〔象曰〕：解而拇，未當位也。

〔變通〕：本爻變為坤，重卦為師。

九四：朋友到來，誠信地互相交往。（凶）

（撲克牌數：6-4-5）〔金錢卦數：696966－五爻〕

六五：君子維有解，吉，有孚于小人。

〔象曰〕：君子有解，小人退也。

〔變通〕：本爻變為兌，重卦為困。

六五：君子能獲得奧援，排解萬難，並且還能以誠信感化
小人。（吉）

（撲克牌數：6-4-6）　〔金錢卦數：696966-上爻〕

上六：公用射隼于高墉之上，獲之无不利。

〔象曰〕：公用射隼，以解悖也。

〔變通〕：本爻變為離，重卦為未濟。

上六：如果能剷奸除惡，則無往而不利。（吉）

（撲克牌數：6-5）☷ 〔金錢卦數：696699〕

卦五九　渙　〔巽坎〕〔風水〕

渙：亨，王假有廟，利涉大川，利貞。

【象斷】：渙亨，剛來而不窮，柔得位乎外而上同。王假有
　　　　　廟，王乃在中也。利涉大川，乘木有功也。

【原文】：風行水上，渙。先王以享于帝立廟。

【占斷】：**固守貞正，意志堅定，運勢亨通，苦盡甘來。**

（撲克牌數：6-5-1）〔金錢卦數：**696699-初爻**〕

初六：用拯，馬壯，吉。

〔象曰〕：初六之吉，順也。

初六：猶如遇到壯馬，而獲得了拯救，故有吉象。（吉）

（撲克牌數：6-5-2）　〔金錢卦數：696699-二爻〕

九二：渙，奔其機，悔亡。

〔象曰〕：渙奔其机，得願也。

〔變通〕：本爻變為坤，重卦為觀。

九二：能使其在渙散時互相依靠，故能使悔恨消除。（平）

（撲克牌數：6-5-3）　〔金錢卦數：696699－三爻〕

六三：渙其躬，无悔。

〔象曰〕：渙其躬，志在外也。

〔變通〕：本爻變為巽，重卦為巽。

六三：不專注於自身的私利，故能無悔。（凶）

（撲克牌數：6-5-4）　☲☶　〔金錢卦數：696699-四爻〕

六四：渙其群，元吉，渙其丘，匪夷所思。

〔象曰〕：渙其群，元吉，光大也。

〔變通〕：本爻變為乾，重卦為訟。

六四：能大公無私，所以大吉。渙散之後還能聚集渙散的
　　　　眾人之力轉變成為像大山一樣的力量，真是不可思
　　　　議。（吉）

（撲克牌數：6-5-5）〔金錢卦數：696699-五爻〕

九五：渙汗其大號，渙王居，无咎。

〔象曰〕：王居无咎，正位也。

〔變通〕：本爻變為艮，重卦為蒙。

九五：猶如君王般發號施令，號令天下，人民風行草偃如
同汗流出一樣順暢，有此君王鎮守社稷，故無害了。
（平）

（撲克牌數：6-5-6）〔金錢卦數：696699-上爻〕

上九：渙其血，去逖出，无咎。

〔象曰〕：渙其血，遠害也。

〔變通〕：本爻變為坎，重卦為坎。

上九：本有血光之災，凶險之象，但因已至極位，所以有
　　　　渙即有聚，危險盡遠，故無礙。（凶）

（撲克牌數：6-6）〔金錢卦數：696696〕

卦二九　坎　〔坎坎〕〔水水〕

習坎：有孚，維心亨，行有尚。

【象斷】：習坎，重險也。水流而不盈，行險而不失其信。
　　　　維心亨，乃以剛中也；行有尚，往有功也。

【原文】：水洊至，習坎，君子以常德行，習教事。

【占斷】：困難重重，運勢辛苦，惟有堅持誠信，方可解危。
　　　　（撲克牌數：6-6-1）〔金錢卦數：696696-初爻〕

初六：習坎，入于坎窞，凶。

〔象曰〕：習坎入坎，失道凶也。

初六：位於重重險境，又沒有奧援，彷彿進入坎卦中的小
　　　穴，大有凶象。（凶）

（撲克牌數：6-6-2）〔金錢卦數：696696-二爻〕

九二：坎有險，求小得。

〔象曰〕：求小得，未出中也。

〔變通〕：本爻變為坤，重卦為比。

九二：有陷入險境之象，然若能小心謹慎，先求小得，必
　　　可漸漸脫離險境。（凶）

（撲克牌數：6-6-3）  〔金錢卦數：696696-三爻〕

六三：來之坎坎，險且枕。入于坎窞，勿用。

〔象曰〕：來之坎坎，終无功也。

〔變通〕：本爻變為巽，重卦為井。

六三：猶如來往之間皆是重重危難，相當危險，此時不宜
　　　輕舉妄動。（凶）

（撲克牌數：6-6-4）　〔金錢卦數：696696-四爻〕

六四：樽酒簋，貳用缶，納約自牖，終无咎。

〔象曰〕：樽酒簋貳，剛柔際也。

〔變通〕：本爻變為兌，重卦為困。

六四：雖陷入重重險境，但有虛心求援之象，好像用瓦器
　　　　盛著一杯酒、兩碗飯從窗戶將此簡單的食物獻納出
　　　　去，最終將能無咎。（平）

（撲克牌數：6-6-5）〔金錢卦數：696696-五爻〕

九五：坎不盈，祗既平，无咎。

〔象曰〕：坎不盈，中未大也。

〔變通〕：本爻變為坤，重卦為師。

九五：流水未滿盈，只有達到持平的尺度，所以無咎。（平）

（撲克牌數：6-6-6）☰☷〔金錢卦數：696696-上爻〕

上六：係用徽纆，寘于叢棘，三歲不得。凶。

〔象曰〕：上六失道，凶三歲也。

〔變通〕：本爻變為巽，重卦為渙。

上六：猶如陷入極深，被墨繩綑綁住的犯人，又被囚禁於叢生的荊棘之中，三年皆無法脫身，故有凶象。（凶）

（撲克牌數：6-7）☶☵〔金錢卦數：696669〕

卦四　蒙　〔艮坎〕〔山水〕

蒙：亨，匪我求童蒙，童蒙求我。初筮告，再三瀆，瀆則
　　不告，利貞。

【象斷】：蒙，山下有險，險而止，蒙。蒙，亨，以亨行，
　　　　　時中也。匪我求童蒙，童蒙求我，志應也。

【原文】：山下出泉，蒙。君子以果行育德。

【占斷】：猶豫不決，欠缺果斷，艱難困苦，氣運不佳。

　　　　　（撲克牌數：6-7-1）〔金錢卦數：696669-初爻〕

初六：發蒙，利用刑人。用說桎梏以往，吝。

〔象曰〕：利用刑人，以正法也。

初六：教導啟發時，要很嚴格，恩威並施。（凶）

（撲克牌數：6-7-2）　〔金錢卦數：696669-二爻〕

九二：包蒙，吉。納婦，吉，子克家。

〔象曰〕：子克家，剛柔節也。

〔變通〕：本爻變為坤，重卦為剝。

九二：擔當治蒙的責任，所以能包容蒙昧的人而教育之。
　　　　可以教育女朋友，諄諄開導，培養感情，因而娶得
　　　　良妻，成立一個家庭。（吉）

（撲克牌數：6-7-3） 〔金錢卦數：696669－三爻〕

六三：勿用取女，見金夫，不有躬，无攸利。

〔象曰〕：勿用取女，行不順也。

〔變通〕：本爻變為巽，重卦為蠱。

六三：女蒙昧見利而動，重視物質的慾望，而不體諒丈夫。
　　　　因此，要戒備以甜言蜜語來接近的人。（凶）

（撲克牌數：6-7-4）　☲☳　〔金錢卦數：696669－四爻〕

六四：困蒙，吝。

〔象曰〕：困蒙之吝，獨遠實也。

〔變通〕：本爻變為離，重卦為未濟。

六四：孤立無援，沒有可依靠的人，無應無助，而獨自悲
　　　嘆。（凶）

（撲克牌數：6-7-5） 〔金錢卦數：696669-五爻〕

六五：童蒙，吉。

〔象曰〕：童蒙之吉，順以巽也。

〔變通〕：本爻變為巽，重卦為渙。

六五：具謙虛之德，有可為師的人則虛心請教，閉鎖心中
　　　已久的憂愁為之吹散，也是把所學的知識加以吸收
　　　消化，擴大了知識領域。（吉）

（撲克牌數：6-7-6）☰☷　〔金錢卦數：696669-上爻〕

上九：擊蒙，不利為寇，利禦寇。

〔象曰〕：利用禦寇，上下順也。

〔變通〕：本爻變為坤，重卦為師。

上九：為使群蒙服從而施以壓力。其所施愛的拳頭，是為
　　　了防禦，即充實自衛能力，而非亂拷打及攻擊。以
　　　守勢為主，可相安無事，擴張需等待時機。（平）

（撲克牌數：6-8）　　〔金錢卦數：696666〕

卦七　師　〔坤坎〕〔地水〕

師：貞，丈人，吉，无咎。

【象斷】：師，眾也，貞，正也，能以眾正，可以王矣。剛
　　　　　中而應，行險而順，以此毒天下，而民從之，吉
　　　　　又何咎矣。

【原文】：地中有水，師，君子以容民畜眾。

【占斷】：勞師動眾，變動起伏，多事多難，忍隱以對。

（撲克牌數：6-8-1）〔金錢卦數：696666-初爻〕

初六：師出以律，否臧凶。

〔象曰〕：師出以律，失律，凶也。

初六：出師以律，軍律軍紀必須嚴格，上下要一心，六律
　　　要調和，否則便是凶。（凶）

（撲克牌數：6-8-2）　☷☶　〔金錢卦數：696666-二爻〕

九二：在師中，吉，无咎，王三錫命。

〔象曰〕：在師中吉，承天寵也；王三錫命，懷萬邦也。

〔變通〕：本爻變為坤，重卦為坤。

九二：為指揮眾陰的總司令，獲得信任器重，屢次受命叱
　　　　吒三軍，由於善戰而終於召來和平，以成其功，而
　　　　安天下，所以無咎。（吉）

（撲克牌數：6-8-3）〔金錢卦數：696666－三爻〕

六三：師或輿尸，凶。

〔象曰〕：師或輿尸，大无功也。

〔變通〕：本爻變為巽，重卦為升。

六三：才弱而志剛，以致輕敵居敗，用擔架搬運戰死者的
　　　屍體。（凶）

（撲克牌數：6-8-4）　　〔金錢卦數：696666-四爻〕

六四：師左次，无咎。

〔象曰〕：左次无咎，未失常也。

〔變通〕：本爻變為震，重卦為解。

六四：戰鬥並非一味前進，有時需退而防守以養精蓄銳，
　　　　暫時休戰，充份休息，也能掌握勝利機會。（凶）

（撲克牌數：6-8-5）〔金錢卦數：696666－五爻〕

六五：田有禽，利執言，无咎，長子帥師，弟子輿尸，貞凶。

〔象曰〕：長子帥師，以中行也；弟子輿尸，使不當也。

〔變通〕：本爻變為坎，重卦為坎。

六五：若敵加於已，不得不興兵討伐，如此則無咎，而以
　　　長子率領部隊，弟子來處理戰死者的屍體，雖然戰
　　　爭的名份正當，但也是很殘酷的事，其所為仍為凶。
　　　（凶）

（撲克牌數：6-8-6）〔金錢卦數：696666-上爻〕

上六：大君有命，開國承家，小人勿用。

〔象曰〕：大君有命，以正功也；小人勿用，必亂邦也。

〔變通〕：本爻變為艮，重卦為蒙。

上六：戰爭結束，論功行賞，皆各得其所，但不得封小人
　　　以重要的地位和權力。為了私利，任用不成大器的
　　　人做大臣，失敗的例子不勝枚舉。（凶）

（撲克牌數：7-1）☰☶〔金錢卦數：669999〕

卦三三　遯　〔乾艮〕〔天山〕

遯：亨，小利貞。

【彖斷】：遯亨，遯而亨也。剛當位而應，與時行也。小利
　　　　貞，浸而長也。遯之時義大矣哉。

【原文】：天下有山，遯，君子以遠小人，不惡而嚴。

【占斷】：**君子，以退避為宜。小人，聲勢漸高漲，惟不得
　　　　迫害君子，否則遭到報應。**

（撲克牌數：7-1-1）〔金錢卦數：669999-初爻〕

初六：遯尾，厲，勿用有攸往。

〔象曰〕：遯尾之厲，不往何災也。

初六：**最好按兵不動待在家裏，或許就不至於惹禍上身。
　　　（凶）**

（撲克牌數：7-1-2）〔金錢卦數：669999-二爻〕

六二：執之用黃牛之革，莫之勝說。

〔象曰〕：執用黃牛，固志也。

〔變通〕：本爻變為巽，重卦為姤。

六二：猶如兩個人綁在一起，沒有人能將之解脫。（平）

（撲克牌數：7-1-3）  〔金錢卦數：669999－三爻〕

九三：繫遯有疾，厲，畜臣妾，吉。
〔象曰〕：係遯之厲，有疾憊也；畜臣妾吉，不可大事也。
〔變通〕：本爻變為坤，重卦為否。
九三：所以心有所牽掛而無法退隱鄉野，則有災難，但若
　　　能退守至平淡的家庭生活，常常宴請部屬，與小妾
　　　飲酒歡樂，不要計劃做大事則吉。（吉）

（撲克牌數：7-1-4）　〔金錢卦數：669999-四爻〕

九四：好遯，君子吉，小人否。

〔象曰〕：君子好遯，小人否也。

〔變通〕：本爻變為巽，重卦為漸。

九四：君子能退隱，可保吉祥，但小人則不能。（平）

（撲克牌數：7-1-5）〔金錢卦數：669999－五爻〕

九五：嘉遯，貞吉。

〔象曰〕：嘉遯貞吉，以正志也。

〔變通〕：本爻變為離，重卦為旅。

九五：其象十分嘉美，退隱得相當漂亮，功成身退乃為吉
　　　象。(吉)

（撲克牌數：7-1-6）　　　〔金錢卦數：669999-上爻〕

上九：肥遯，无不利。

〔象曰〕：肥遯，无不利，无所疑也。

〔變通〕：本爻變為兌，重卦為咸。

上九：遠走高飛，遠遁紅塵之外，故無入而不自得，到那
　　　　裏都開心。（吉）

（撲克牌數：7-2）〔金錢卦數：669996〕

卦三一　咸　〔兌艮〕〔澤山〕

咸：亨，利貞，取女吉。

【象斷】：咸，感也。柔上而剛下，二氣感應以相與，止而
　　　　　說，男下女，是以亨，利貞，取女吉也。天地感
　　　　　而萬物化生，聖人感人心而天下和平。

【原文】：山上有澤，咸，君子以虛受人。

【占斷】：**吉祥連連，萬事如意。**

（撲克牌數：7-2-1）〔金錢卦數：669996-初爻〕

初六：咸其拇。

〔象曰〕：咸其拇，志在外也。

初六：感應微弱，只能感應到腳拇指，吉凶尚未能見。（平）

（撲克牌數：7-2-2） ䷛ 〔金錢卦數：669996-二爻〕

六二：咸其腓，凶，居吉。

〔象曰〕：雖凶居吉，順不害也。

〔變通〕：本爻變為巽，重卦為大過。

六二：有躁進之象，故激進莽撞為凶，若能恬靜安居則吉。

　　　　（平）

（撲克牌數：7-2-3） 〔金錢卦數：669996-三爻〕

九三：咸其股，執其隨，往吝。

〔象曰〕：咸其股，亦不處也，志在隨人，所執下也。

〔變通〕：本爻變為坤，重卦為萃。

九三：做人處事太過隨便，所以可能會成事不足。（平）

（撲克牌數：7-2-4）　☰☷　〔金錢卦數：669996-四爻〕

九四：貞吉悔亡。憧憧往來，朋從爾思。
〔象曰〕：貞吉悔亡，未感害也；憧憧往來，未光大也。
〔變通〕：本爻變為坎，重卦為蹇。
九四：憧憧為心意不定，有不知何去何從之感。會有悔恨，
　　　　但只要保持貞正，就能吉祥。只要有誠意就能感動
　　　　友人，並會順從你的心意而與你交感。（平）

（撲克牌數：7-2-5）〔金錢卦數：669996－五爻〕

九五：咸其脢，无悔。

〔象曰〕：咸其脢，志末也。

〔變通〕：本爻變為震，重卦為小過。

九五：脢是背脊肉，雖與心相背，感覺遲鈍，但也不至於
　　　　有悔恨。（平）

（撲克牌數：7-2-6）　☲☰　〔金錢卦數：669996－上爻〕

上六：咸其輔頰舌。

〔象曰〕：咸其輔頰舌，滕口說也。

〔變通〕：本爻變為乾，重卦為遯。

上六：即使彼此有交感也只是止於嘴巴上說說而已。滕口
　　　　是空口說白話之意。（凶）

（撲克牌數：7-3） 〔金錢卦數：669969〕

卦五六　旅　〔離艮〕〔火山〕

旅：小亨，旅貞吉。

【象斷】：旅，小亨，柔得中乎外而順乎剛，止而麗乎明，
　　　　　是以小亨，旅貞吉也，旅之時義大矣哉。

【原文】：山上有火，旅。君子以明慎用刑而不留獄。

【占斷】：驛馬星動，外出旅行，諸事坎坷，孤獨無援。

（撲克牌數：7-3-1）〔金錢卦數：669969-初爻〕

初六：旅瑣瑣，斯其所取災。

〔象曰〕：旅瑣瑣，志窮災也。

初六：旅行初始，但行動過於猥瑣，準備不週，自己招致
　　　災難。（凶）

（撲克牌數：7-3-2）　〔金錢卦數：669969-二爻〕

六二：旅即次，懷其資，得童僕貞。
〔象曰〕：得童僕貞，終无尤也。
〔變通〕：本爻變為巽，重卦為鼎。
六二：旅行了一段時間後，有經驗了，並準備了足夠的旅
　　　費了，並且也得到了忠貞的僮僕伺候，故應無害。
　　　（平）

（撲克牌數：7-3-3） 〔金錢卦數：669969-三爻〕

九三：旅焚其次，喪其童僕，貞厲。

〔象曰〕：旅焚其次，亦以傷矣。以旅與下，其義喪也。

〔變通〕：本爻變為坤，重卦為晉。

九三：容易有旅館遭焚、失去僮僕的危險，要能貞定才可
　　　免於災難。（凶）

（撲克牌數：7-3-4）　　　〔金錢卦數：669969-四爻〕

九四：旅于處，得其資斧，我心不快。

〔象曰〕：旅于處，未得位也；得其資斧，心未快也。

〔變通〕：本爻變為艮，重卦為艮。

九四：猶如旅行中雖暫得落腳處，但必須以斧頭防身，心
　　　　中不安。（凶）

（撲克牌數：7-3-5）〔金錢卦數：669969-五爻〕

六五：射雉，一矢亡，終以譽命。

〔象曰〕：終以譽命，上逮也。

〔變通〕：本爻變為乾，重卦為遯。

六五：猶如射雉，一箭就射中了，最後能獲得豐厚的賞賜
　　　和爵祿。（平）

（撲克牌數：7-3-6）　〔金錢卦數：669969-上爻〕

上九：鳥焚其巢，旅人先笑後號咷，喪牛于易，凶。
〔象曰〕：以旅在上，其義焚也；喪牛于易，終莫之聞也。
〔變通〕：本爻變為震，重卦為小過。
上九：有鳥巢被焚、無所棲身之象。旅人先是漫遊取樂，
　　　　後則因無安身之處而痛哭了，好像在荒野中走失了
　　　　牛，再也找不到了，有凶象。（凶）

（撲克牌數：7-4）　〔金錢卦數：669966〕

卦六二　小過　〔震艮〕〔雷山〕

小過：亨，利貞，可小事，不可大事，飛鳥遺之音，不宜
　　　上，宜下，大吉。

【解象】：小過綜中孚。

【象斷】：小過，小者過而亨也，過以利貞，與時行也。

【原文】：山上有雷，小過。

【占斷】：退守吉，進取不吉，小事吉，大事不吉。

（撲克牌數：7-4-1）〔金錢卦數：669966-初爻〕

初六：飛鳥以凶。

〔象曰〕：飛鳥以凶，不可如何也。

初六：大有一飛沖天之勢及好高騖遠之象，所以有凶象。
　　　（凶）

（撲克牌數：7-4-2）☷☴ 〔金錢卦數：669966-二爻〕

六二：過其祖，遇其妣，不及其君，遇其臣，无咎。

〔象曰〕：不及其君，臣不可過也。

〔變通〕：本爻變為巽，重卦為恒。

六二：猶如君主崇高不可及，故甘願為其臣，此爻喻雖有
　　　　小過，但只要謹守本分，則沒有災難。（平）

（撲克牌數：7-4-3）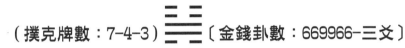〔金錢卦數：669966-三爻〕

九三：弗過防之，從或戕之，凶。

〔象曰〕：從或戕之，凶如何也。

〔變通〕：本爻變為坤，重卦為豫。

九三：氣勢過於強盛，因此不願過於小心的防備，容易被
　　　　身邊的隨從加害，故有凶象。（凶）

（撲克牌數：7-4-4）▤▤ 〔金錢卦數：669966－四爻〕

九四：无咎。弗過遇之，往厲必戒，勿用永貞。

〔象曰〕：弗過遇之，位不當也；往厲必戒，終不可長也。

〔變通〕：本爻變為坤，重卦為謙。

九四：沒有災難。如果一味躁進會有危險，一定要戒除，
　　　　不要剛愎自用就能永保平安。（平）

（撲克牌數：7-4-5）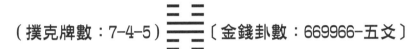〔金錢卦數：669966-五爻〕

六五：密雲不雨，自我西郊，公弋取彼在穴。

〔象曰〕：密雲不雨，已上也。

〔變通〕：本爻變為兌，重卦為咸。

六五：烏雲密佈，在西郊集結卻不能成雨，且無力勝任君
　　　　主之尊，只能以箭獵取在洞穴中的野獸而已。（平）

（撲克牌數：7-4-6）　〔金錢卦數：669966-上爻〕

上六：弗過遇之，飛鳥離之，凶，是謂災眚。

〔象曰〕：弗遇過之，已亢也。

〔變通〕：本爻變為離，重卦為旅。

上六：氣勢太過，好像飛鳥突然飛離，會有危險，即會有
　　　　凶災。（凶）

（撲克牌數：7-5）　〔金錢卦數：669699〕

卦五三　漸　〔巽艮〕〔風山〕

漸：女歸吉，利貞。

【彖斷】：漸，之進也，女歸吉也。進得位，往有功也，進
　　　　以正，可以正邦也。其位，剛得中也。止而巽，
　　　　動不窮也。

【原文】：山上有木，漸。君子以居賢德善俗。

【占斷】：**天賜良緣，女嫁為吉。**

（撲克牌數：**7-5-1**）〔金錢卦數：**669699-初爻**〕

初六：鴻漸于干，小子厲，有言，无咎。

〔象曰〕：小子之厲，義无咎也。

初六：鴻雁從水涯開始起飛，就像弱小的小孩一樣會有危
　　　　險，容易招致流言，但只要循序漸進就可免於災難。
　　　（凶）

（撲克牌數：7-5-2）　〔金錢卦數：669699－二爻〕

六二：鴻漸于磐，飲食衎衎，吉。

〔象曰〕：飲食衎衎，不素飽也。

〔變通〕：本爻變為巽，重卦為巽。

六二：鴻雁已飛到岸邊的巨石上，能夠安然和樂地飲食
　　　了，故有吉象。（吉）

（撲克牌數：7-5-3）〔金錢卦數：669699-三爻〕

九三：鴻漸于陸，夫征不復，婦孕不育，凶，利禦寇。

〔象曰〕：夫征不復，離群醜也；婦孕不育，失其道也；利
　　　　　用禦寇，順相保也。

〔變通〕：本爻變為坤，重卦為觀。

九三：男子遠行而沒有回來，婦女懷孕卻生不下來難產，
　　　　故有凶象。但此剛強之勢若用來抵擋賊寇，則相當
　　　　有利。（凶）

（撲克牌數：7-5-4）　〔金錢卦數：669699-四爻〕

六四：鴻漸于木，或得其桷，无咎。
〔象曰〕：或得其桷，順以巽也。
〔變通〕：本爻變為乾，重卦為遯。
六四：鴻雁到了陸地上的樹上了，或許能得到平穩的樹幹
　　　　棲身，所以沒有災害。（平）

（撲克牌數：7-5-5）  〔金錢卦數：669699－五爻〕

九五：鴻漸于陵，婦三歲不孕，終莫之勝，吉。

〔象曰〕：終莫之勝，吉，得所願也。

〔變通〕：本爻變為艮，重卦為艮。

九五：鴻雁飛到了平坦的丘陵，雖然有阻隔，如同婦女三
　　　年都不懷孕，但此爻得中得正，終究能戰勝一切，
　　　故有吉利。（吉）

（撲克牌數：7-5-6）　〔金錢卦數：669699－上爻〕

上九：鴻漸于逵，其羽可用為儀，吉。
〔象曰〕：其羽可用為儀，吉，不可亂也。
〔變通〕：本爻變為坎，重卦為蹇。
上九：飄然脫群於雲間，其羽毛甚至可用來作為高貴的象
　　　　徵，故為吉利。（吉）

☷☶

（撲克牌數：7-6）　〔金錢卦數：669696〕

卦三九　蹇　〔坎艮〕〔水山〕

蹇：利西南，不利東北，利見大人，貞吉。

【彖斷】：蹇，難也，險在前也。見險而能止，知矣哉。蹇，
　　　　利西南，往得中也；不利東北，其道窮也。利見
　　　　大人，往有功也；當位貞吉，以正邦也。蹇之時
　　　　用大矣哉。

【原文】：山上有水，蹇，君子以反身脩德。

【占斷】：氣運不佳，困難重重，固守正道，尋覓施援。

（撲克牌數：7-6-1）〔金錢卦數：669696-初爻〕

初六：往蹇，來譽。

〔象曰〕：往蹇來譽，宜待也。

初六：返回而靜待時機的話則可明哲保身。（平）

（撲克牌數：7-6-2）〔金錢卦數：669696-二爻〕

六二：王臣蹇蹇，匪躬之故。

〔象曰〕：王臣蹇蹇，終无尤也。

〔變通〕：本爻變為巽，重卦為井。

六二：有王臣之象，身陷困境，但都能得中得正，其艱辛
　　　　的奔走並不是為了自身的緣故而是為國難而奔波。
　　　　（凶）

（撲克牌數：7-6-3）䷦〔金錢卦數：669696－三爻〕

九三：往蹇，來反。

〔象曰〕：往蹇來反，內喜之也。

〔變通〕：本爻變為坤，重卦為比。

九三：前臨艱險，往前走去必有困境，不如返回共商對策，
　　　　方可吉祥。（凶）

（撲克牌數：7-6-4）　〔金錢卦數：669696-四爻〕

六四：往蹇，來連。

〔象曰〕：往蹇來連，當位實也。

〔變通〕：本爻變為兌，重卦為咸。

六四：處境更是艱險，可以和朋友連合而有所作為。（凶）

（撲克牌數：7-6-5）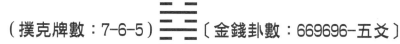〔金錢卦數：669696-五爻〕

九五：大蹇，朋來。

〔象曰〕：大蹇朋來，以中節也。

〔變通〕：本爻變為坤，重卦為謙。

九五：此爻正在坎卦之中，所以險象環生，但得到朋友的
　　　　奧援，得以脫困。（吉）

（撲克牌數：7-6-6）☰☷ 〔金錢卦數：669696－上爻〕

上六：往蹇來碩，吉，利見大人。
〔象曰〕：往蹇來碩，志在內也；利見大人，以從貴也。
〔變通〕：本爻變為巽，重卦為漸。
上六：能回復自身，即能吉祥，此時有利於見大人。（吉）

（撲克牌數：7-7） 〔金錢卦數：669669〕

卦五二　艮　〔艮艮〕〔山山〕

艮：艮其背，不獲其身，行其庭，不見其人，无咎。

【象斷】：艮，止也，時止則止，時行則行，動靜不失其時，
　　　　　其道光明。艮其止，止其所也。

【原文】：兼山，艮。君子以思不出其位。

【占斷】：時運不佳，困難重重，凡事不宜，維持現狀。

　　　　　（撲克牌數：7-7-1）〔金錢卦數：669669-初爻〕

初六：艮其趾，无咎，利永貞。

〔象曰〕：艮其趾，未失正也。

初六：若能在初始之際就能知足抑止，當可無咎，但陰爻
　　　柔弱，還是要持久地貞固自守才好。（平）

（撲克牌數：7-7-2）䷳ 〔金錢卦數：669669-二爻〕

六二：艮其腓，不拯其隨，其心不快。

〔象曰〕：不拯其隨，未退聽也。

〔變通〕：本爻變為巽，重卦為蠱。

六二：足以折中制衡，在小腿前進時都還可以制止，但是
　　　　未能上承，所以心中不快。（凶）

（撲克牌數：7-7-3） 〔金錢卦數：669669－三爻〕

九三：艮其限，列其夤，厲熏心。

〔象曰〕：艮其限，危熏心也。

〔變通〕：本爻變為坤，重卦為剝。

九三：在活動的腰部上去束縛抑止，可能會將背脊都撕裂
　　　開了，這樣的危險是會像火一樣灼傷心臟的。（凶）

（撲克牌數：7-7-4）　　〔金錢卦數：669669-四爻〕

六四：艮其身，无咎。
〔象曰〕：艮其身，止諸躬也。
〔變通〕：本爻變為離，重卦為旅。
六四：自我控制而安守本份之象，所以無咎。（平）

（撲克牌數：7-7-5）〔金錢卦數：669669-五爻〕

六五：艮其輔，言有序，悔亡。

〔象曰〕：艮其輔，以中正也。

〔變通〕：本爻變為巽，重卦為漸。

六五：能謹言慎行、言語有條理，能使悔恨消失。（平）

（撲克牌數：7-7-6）　〔金錢卦數：669669-上爻〕

上九：敦艮，吉。

〔象曰〕：敦艮之吉，以厚終也。

〔變通〕：本爻變為坤，重卦為謙。

上九：能敦厚篤實地抑制慾望，故能吉祥。（吉）

（撲克牌數：7-8）▤▤ 〔金錢卦數：669666〕

卦十五　謙　〔坤艮〕〔地山〕

謙：亨，君子有終。

【象斷】：謙亨，天道下濟而光明，地道卑而上行。天道虧
　　　　　盈而益謙，地道變盈而流謙，鬼神害盈而福謙，
　　　　　人道惡盈而好謙。

【原文】：地中有山，謙。君子以裒多益寡，稱物平施。

【占斷】：初始運氣不佳，態度謙謹運氣會越來越好。
　　　　　（撲克牌數：7-8-1）〔金錢卦數：669666-初爻〕

初六：謙謙君子，用涉大川，吉。

〔象曰〕：謙謙君子，卑以自牧也。

初六：甘心在最下位，這才是君子應有的態度。（吉）

（撲克牌數：7-8-2）☷ 〔金錢卦數：669666－二爻〕

六二：鳴謙，貞吉。

〔象曰〕：鳴謙貞吉，中心得也。

〔變通〕：本爻變為巽，重卦為升。

六二：「鳴謙」是謙虛得到共鳴，所以純正吉祥。謙虛的
　　　　美德，隱藏在心中，沒有形諸於外。（吉）

（撲克牌數：7-8-3）〔金錢卦數：669666－三爻〕

九三：勞謙君子，有終吉。

〔象曰〕：勞謙君子，萬民服也。

〔變通〕：本爻變為坤，重卦為坤。

九三：勞苦而又能謙，乃正人君子之象，勤勞又謙虛的君子，持之有恒，則吉。勞謙」是說辛勞而且謙遜；這樣的君子，最後必然吉祥，可使萬民歸心。（吉）

（撲克牌數：7-8-4）　〔金錢卦數：669666-四爻〕

六四：无不利，撝謙。

〔象曰〕：无不利，撝謙，不違則也。

〔變通〕：本爻變為震，重卦為小過。

六四：剛健正直則不及；但由於發揮謙讓的美德，不違背
　　　　謙讓的原則，所以不會有不利。（平）

（撲克牌數：7-8-5）〔金錢卦數：669666-五爻〕

六五：不富以其鄰，利用侵伐，无不利。

〔象曰〕：利用侵伐，征不服也。

〔變通〕：本爻變為坎，重卦為蹇。

六五：富者眾之所歸也，不富而能有其鄰，必然有謙順之
　　　德。有謙德能服眾，若佐以威武，則無不利。猶如
　　　同本身並不富有，卻因為謙虛，得到鄰居們的愛戴。
　　　像這種謙虛的統治者，用兵征伐，必然是不得已，
　　　所以，不會不利。（吉）

（撲克牌數：7-8-6）〔金錢卦數：669666-上爻〕

上六：鳴謙，利用行師，征邑國。

〔象曰〕：鳴謙，志未得也，可用行師，征邑國也。

〔變通〕：本爻變為艮，重卦為艮。

上六：過於謙遜則難孚眾望，故有行師，以平服內亂。謙
　　　虛的名聲已經遠播，贏得四方的共鳴與愛戴，在這
　　　種情勢下，當然有利於用兵征戰。不過，沒有力量
　　　征服他國，祇能在自己的領土內，討伐叛亂。強調
　　　謙虛必須以力量為後盾，才能有積極的作為。(平)

（撲克牌數：8-1）〔金錢卦數：666999〕

卦十二　否　〔乾坤〕〔天地〕

否：否之匪人，不利君子貞，大往小來。

【象斷】：否之匪人，不利君子貞，大往小來，則是天地不
　　　　　交而萬物不通也，上下不交而天下无邦也。

【原文】：天地不交，否。君子以儉德辟難，不可榮以祿。

【占斷】：二吉、三平平、一凶，就其時位研判吉凶。

（撲克牌數：8-1-1）〔金錢卦數：666999-初爻〕

初六：拔茅茹，以其彙，貞吉亨。

〔象曰〕：拔茅貞吉，志在君也。

初六：君子應當團結，堅守純正，就可以吉祥亨通。（吉）

（撲克牌數：8-1-2） ䷋ 〔金錢卦數：666999-二爻〕

六二：包承，小人吉，大人否亨。

〔象曰〕：大人否亨，不亂群也。

〔變通〕：本爻變為坎，重卦為訟。

六二：小人得勢的閉塞時期，已經到來，所以占斷對小人
　　　有利。小人吉利，而大人閉塞。（平）

（撲克牌數：8-1-3）〔金錢卦數：666999－三爻〕

六三：包羞。

〔象曰〕：包羞，位不當也。

〔變通〕：本爻變為艮，重卦為遯。

六三：行為惡劣，心中卻不知道羞恥。受到在上位者的包
　　　　庇，會招致羞辱。小人陰謀傷害君子，絲毫不知道
　　　　羞愧。（凶）

（撲克牌數：8-1-4）　　〔金錢卦數：666999─四爻〕

九四：有命，无咎，疇離祉。

〔象曰〕：有命无咎，志行也。

〔變通〕：本爻變為巽，重卦為觀。

九四：有天命，沒有禍害，眾人都可以依附而得到福祉。
　　　　閉塞時期也過了一半，開始露出曙光。「九四」陽剛，
　　　　具備排除阻力的才能；但缺乏剛毅敢做敢為的精
　　　　神，因而，想要救世，需要天命，也就是要看命運
　　　　與際遇，才能決定禍福。（平）

（撲克牌數：8-1-5）〔金錢卦數：666999-五爻〕

九五：休否，大人吉，其亡其亡，繫于苞桑。

〔象曰〕：大人之吉，位正當也。

〔變通〕：本爻變為離，重卦為晉。

九五：壞運已過去了，君子可否極泰來，但仍應隨時警惕，
　　　　將存亡的事情放在心上，這樣好運才會像桑樹一樣
　　　　穩固了。然而，排除閉塞，恢復泰平，畢竟潛伏著
　　　　危險，因而，必須時刻警惕到滅亡，這樣才能像叢
　　　　生桑木糾結在一起的根，確保安全。（吉）

（撲克牌數：8-1-6）　　　〔金錢卦數：666999-上爻〕

上九：傾否，先否後喜。

〔象曰〕：否終則傾，何可長也。

〔變通〕：本爻變為兌，重卦為萃。

上九：有壞運倒盡之象，故雖已招致惡運，但終能化險為
　　　　夷。（平）

（撲克牌數：8-2） ䷬ 〔金錢卦數：666996〕

卦四五　萃　〔兌坤〕〔澤地〕

萃：亨，王假有廟，利見大人，亨。利貞，用大牲吉，利
　　有攸往。

【象斷】：萃，聚也。順以說，剛中而應，故聚也。王假有
　　　　廟，致孝享也；利見大人，亨，聚以正也；用大
　　　　牲，吉，利有攸往，順天命也。

【原文】：澤上於地，萃。君子以除戎器，戒不虞。

【占斷】：知人善任，未雨綢繆，財運亨通，諸事大吉。

（撲克牌數：8-2-1）〔金錢卦數：666996-初爻〕

初六：有孚不終，乃亂乃萃。若號，一握為笑，勿恤，往
　　　无咎。

〔象曰〕：乃亂乃萃，其志亂也。

初六：大可勇往直前，而無災難。（凶）

（撲克牌數：8-2-2）　〔金錢卦數：666996-二爻〕

六二：引吉，无咎。孚乃利用禴。

〔象曰〕：引吉无咎，中未變也。

〔變通〕：本爻變為坎，重卦為困。

六二：會得到奧援，如果以祭祀來表達誠意，則可免於災
　　　難。（平）

（撲克牌數：8-2-3）　〔金錢卦數：666996－三爻〕

六三：萃如嗟如，无攸利。往无咎，小吝。

〔象曰〕：往无咎，上巽也。

〔變通〕：本爻變為艮，重卦為咸。

六三：有等無人、無可聚首的嘆息之象，而往前行不會有
　　　災難，但是會有小小的遺憾。（凶）

（撲克牌數：8-2-4） ䷇ 〔金錢卦數：666996-四爻〕

九四：大吉无咎。

〔象曰〕：大吉无咎，位不當也。

〔變通〕：本爻變為坎，重卦為比。

九四：位不適當，但因有順從九五，故大吉無咎。（吉）

（撲克牌數：8-2-5）〔金錢卦數：666996-五爻〕

九五：萃有位，无咎。匪孚，元永貞，悔亡。

〔象曰〕：萃有位，志未光也。

〔變通〕：本爻變為震，重卦為豫。

九五：有領導地位，無咎，但是此時尚不能以誠信服人，
　　　故要持續地保持貞正，才能使悔恨消失。（平）

（撲克牌數：8-2-6）　〔金錢卦數：666996-上爻〕

上六：齎咨涕洟，无咎。
〔象曰〕：齎咨涕洟，未安上也。
〔變通〕：本爻變為乾，重卦為否。
上六：有嗟嘆流淚之象，但由於能深自反省，故可免於災
　　　難。（凶）

（撲克牌數：8-3）〔金錢卦數：666969〕

卦三五　晉　〔離坤〕〔火地〕

晉：康侯用錫馬蕃庶，晝日三接。

【象斷】：晉，進也。明出地上，順而麗乎大明，柔進而上
　　　　　行，是以康侯用錫馬蕃庶，晝日三接也。

【原文】：明出地上，晉。君子以自昭明德。

【占斷】：盡忠職守，考場得意，萬事順心，大吉大利。

　　　　（撲克牌數：8-3-1）〔金錢卦數：666969-初爻〕

初六：晉如摧如，貞吉。罔孚，裕无咎。

〔象曰〕：晉如摧如，獨行正也；裕无咎，未受命也。

初六：涉世未深，容易受到摧殘，但是只要忠貞自持即可
　　　無害。雖然尚未得到他人的信賴，但是來日方長，
　　　無大礙。（平）

（撲克牌數：8-3-2）　　〔金錢卦數：666969-二爻〕

六二：晉如愁如，貞吉。受茲介福，于其王母。
〔象曰〕：受茲介福，以中正也。
〔變通〕：本爻變為坎，重卦為未濟。
六二：有坐困愁城之象，但受到王母的庇佑，承受到很大
　　　的福份。（吉）

（撲克牌數：8-3-3）　〔金錢卦數：666969－三爻〕

六三：眾允，悔亡。

〔象曰〕：眾允之，志上行也。

〔變通〕：本爻變為艮，重卦為旅。

六三：能得到眾人的信賴，雖有悔恨也終能消散。（平）

（撲克牌數：8-3-4）　　　〔金錢卦數：666969-四爻〕

九四：晉如鼫鼠，貞厲。
〔象曰〕：鼫鼠貞厲，位不當也。
〔變通〕：本爻變為艮，重卦為剝。
九四：鼫鼠是傳說中一種學藝不專精的老鼠，猶如鼫鼠一
　　　　般，有不適任之象，故須更加貞正以防止危險。（凶）

（撲克牌數：8-3-5）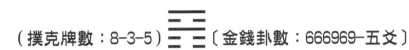〔金錢卦數：666969-五爻〕

六五：悔亡，失得勿恤。往吉，无不利。

〔象曰〕：失得勿恤，往有慶也。

〔變通〕：本爻變為乾，重卦為否。

六五：雖有悔恨也會消失，得失不須放在心中，則無往不
　　　利。(吉)

（撲克牌數：8-3-6）　　　〔金錢卦數：666969-上爻〕

上九：晉其角，維用伐邑，厲吉无咎，貞吝。

〔象曰〕：維用伐邑，道未光也。

〔變通〕：本爻變為震，重卦為豫。

上九：有鑽牛角尖之象，應該整頓自己的城邑，則雖有危
　　　險，只要貞正自持，最終仍可吉祥。（平）

（撲克牌數：8-4）〔金錢卦數：666966〕

卦十六　豫　〔震坤〕〔雷地〕

豫：利建侯行師。

【象斷】：豫，剛應而志行，順以動，豫。豫順以動，故天
　　　　　地如之，而況建侯行師乎？

【原文】：雷出地奮，豫。先王以作樂崇德，殷薦之上帝，
　　　　　以配祖考。

【占斷】：運氣亨通，好事連連，開拓事業，萬事如意。

　　　　　（撲克牌數：8-4-1）〔金錢卦數：666966-初爻〕

初六：鳴豫，凶。

〔象曰〕：初六鳴豫，志窮凶也。

初六：陰柔小人，上攀權臣，表現出志得意滿狀。。（凶）

（撲克牌數：8-4-2）　〔金錢卦數：666966-二爻〕

六二：介于石，不終日，貞吉。

〔象曰〕：不終日，貞吉，以中正也。

〔變通〕：本爻變為坎，重卦為解。

六二：無應無比，不為上下眾爻所影響，堅守原則，不苟合，
　　　正則吉。上下都沉溺於歡樂中，唯獨他保持清醒，堅
　　　守中正，像石頭般堅定不移，在一天中，隨時都慎思
　　　明辨，看破吉凶，由於個性清高純正，因而吉祥。這
　　　一爻強調在安樂中不可沉溺，應保持警覺。（吉）

（撲克牌數：8-4-3）  〔金錢卦數：666966-三爻〕

六三：盱豫，悔，遲有悔。

〔象曰〕：盱豫有悔，位不當也。

〔變通〕：本爻變為艮，重卦為小過。

六三：不正的小人。上羨權勢，自縱其慾，處處仰視臉色，
　　　　迎合其心意，使自己得到利益。然而，這種好逸惡
　　　　勞的態度，不久就會後悔。（凶）

（撲克牌數：8-4-4）〔金錢卦數：666966-四爻〕

九四：由豫，大有得，勿疑，朋盍簪。

〔象曰〕：由豫，大有得，志大行也。

〔變通〕：本爻變為坤，重卦為坤。

九四：重責大任寄託一人身上，則必須有誠信，不可猜疑，
　　　　同志才會前來聚合，得到協助。必須誠信，精誠團
　　　　結，國家才會有安樂。（平）

（撲克牌數：8-4-5）〔金錢卦數：666966-五爻〕

六五：貞疾，恒不死。

〔象曰〕：六五，貞疾，乘剛也；恒不死，中未亡也。

〔變通〕：本爻變為兌，重卦為萃。

六五：處在奄奄一息、不死不活的狀態下，就必須謹慎，
　　　　堅守中庸的原則，保持純正，才能避免滅亡。沈溺
　　　　於安樂，又有病之兆，但無大礙。（凶）

（撲克牌數：8-4-6）〔金錢卦數：666966-上爻〕

上六：冥豫，成有渝，无咎。

〔象曰〕：冥豫在上，何可長也。

〔變通〕：本爻變為離，重卦為晉。

上六：已達到安樂的極點，離災禍已經不遠了。如果沉溺
　　　　於歡樂，不可自拔，則將會樂極生悲，但如果能有
　　　　所改變，回頭則無咎。時時求變，才可以保持長久。
　　　　（平）

（撲克牌數：8-5） 〔金錢卦數：666699〕

卦二十　觀　〔巽坤〕〔風地〕
觀：盥而不薦，有孚顒若。
【彖斷】：大觀在上，順而巽，中正以觀天下。觀盥而不薦，
　　　　有孚顒若，下觀而化也。觀天之神道，而四時不
　　　　忒，聖人以神道設教，而天下服矣。
【原文】：風行地上，觀，先王以省方觀民設教。
【占斷】：言行不得輕率，運氣閉塞，。
　　　　（撲克牌數：8-5-1）〔金錢卦數：666699-初爻〕
初六：童觀，小人无咎，君子吝。
〔象曰〕：初六童觀，小人道也。
初六：猶如小孩一般沒有見識，市井小民也是如此。（凶）

（撲克牌數：8-5-2）〔金錢卦數：666699-二爻〕

六二：闚觀，利女貞。
〔象曰〕：闚觀女貞，亦可醜也。
〔變通〕：本爻變為坎，重卦為渙。
六二：猶如是從門縫裏向外窺看，這對女子有利（意為對
　　　　男子不利）。（平）

（撲克牌數：8-5-3）〔金錢卦數：666699-三爻〕

六三：觀我生，進退。

〔象曰〕：觀我生進退，未失道也。

〔變通〕：本爻變為艮，重卦為漸。

六三：易招凶險。此時應好好反省一生的作為，思索進退。
　　　（平）

（撲克牌數：8-5-4）　〔金錢卦數：666699-四爻〕

六四：觀國之光，利用賓于王。

〔象曰〕：觀國之光，尚賓也。

〔變通〕：本爻變為乾，重卦為否。

六四：可以親睹王朝的榮光，並且有利於成為君王的座上
　　　　賓。（吉）

（撲克牌數：8-5-5）〔金錢卦數：666699-五爻〕

九五：觀我生，君子无咎。

〔象曰〕：觀我生，觀民也。

〔變通〕：本爻變為艮，重卦為剝。

九五：有君子仁人、一國之尊的地位，宜觀照反省一生，
　　　便可無咎獲吉。（吉）

（撲克牌數：8-5-6）　〔金錢卦數：666699-上爻〕

上九：觀其生，君子无咎。

〔象曰〕：觀其生，志未平也。

〔變通〕：本爻變為坎，重卦為比。

上九：最高表率，眾人皆觀照，省視其行，君子當戰戰兢
　　　　兢，可以無咎。（平）

（撲克牌數：8-6） ䷇ 〔金錢卦數：666696〕

卦八　比　〔坎坤〕〔水地〕

比：吉，原筮元永貞，无咎。不寧方來，後夫凶。

【解象】：比綜師。九五

【象斷】：比，吉也。比，輔也，下順從也。原筮，元永貞，
　　　　　无咎，以剛中也。

【原文】：地上有水，比，先王以建萬國親諸侯。

【占斷】：相親相輔，和諧圓滿，氣運旺盛，如意吉祥。

（撲克牌數：8-6-1）〔金錢卦數：666696-初爻〕

初六：有孚，比之，无咎，有孚盈缶，終來有他吉。

〔象曰〕：比之初六，有它吉也。

初六：以誠待人，便可到處逢吉。（吉）

（撲克牌數：8-6-2）　　〔金錢卦數：666696-二爻〕

六二：比之自內，貞吉。

〔象曰〕：比之自內，不自失也。

〔變通〕：本爻變為坎，重卦為坎。

六二：相親相輔，應發自內心，不可失去主動性，堅持純
　　　　正的動機，必然吉祥，不是一時的主意，而以認真
　　　　的態度，就會打動人心。相親相輔，應由誠信開始。
　　　　（吉）

（撲克牌數：8-6-3）☲☷〔金錢卦數：666696－三爻〕

六三：比之匪人。

〔象曰〕：比之匪人，不亦傷乎。

〔變通〕：本爻變為艮，重卦為蹇。

六三：所要親近的人，都不是應當親近的人，怎能不令人
　　　　傷心！說人非人，表示極其可憐。人之相比，為求
　　　　安吉，不宜太勉強。（凶）

（撲克牌數：8-6-4） 〔金錢卦數：666696-四爻〕

六四：外比之，貞吉。

〔象曰〕：外比於賢，以從上也。

〔變通〕：本爻變為兌，重卦為萃。

六四：君主和大臣相處融洽，而布施善政。「遠親不如近
　　　　鄰」。執著於正道。所以，動機純正堅定而吉祥。
　　　　（吉）

（撲克牌數：8-6-5）〔金錢卦數：666696－五爻〕

九五：顯比，王用三驅，失前禽，邑人不誡，吉。

〔象曰〕：顯比之吉，位正中也；舍逆取順，失前禽也；邑
　　　　人不誡，上使中也。

〔變通〕：本爻變為坤，重卦為坤。

九五：捨逆而取順，凡事過份的注重利己，過份的勉強，
　　　　反而會失多得少，無論處於何種狀態，皆要尊重對
　　　　方。來者不拒，去者不追，態度寬宏無私。本著這
　　　　種合乎中庸的原則，仁至義盡的態度，地方上的人
　　　　們，就不會恐懼戒慎而吉祥。（吉）

（撲克牌數：8-6-6）〔金錢卦數：666696-上爻〕

上六：比之无首，凶。

〔象曰〕：比之无首，无所終也。

〔變通〕：本爻變為巽，重卦為觀。

上六：缺乏剛毅，不具備成為領袖的條件，無法得到屬下
　　　的擁戴與親近，所以結果凶險。一切都已太遲，後
　　　悔也於事無補了。所以告戒在事情還沒達到無法收
　　　拾的地步時，就此打住，記住過猶不及的教訓。（凶）

（撲克牌數：8-7）▤▤ 〔金錢卦數：666669〕

卦二三　剝　〔艮坤〕〔山地〕

剝：不利有攸往。

【象斷】：剝，剝也，柔變剛也。不利有攸往，小人長也。
　　　　　順而止之，觀象也。君子尚消息盈虛，天行也。

【原文】：山附於地，剝。上以厚下安宅。

【占斷】：**要做最壞的打算，盡最大的努力。**

　　　　　（撲克牌數：**8-7-1**）〔金錢卦數：**666669-初爻**〕

初六：剝床以足，蔑貞，凶。

〔象曰〕：剝床以足，以滅下也。

初六：**事物將開始崩壞沒落。在此危急之時，應保持貞正
　　　才能防止凶險。（凶）**

（撲克牌數：8-7-2）〔金錢卦數：666669-二爻〕

六二：剝床以辯，蔑貞，凶。

〔象曰〕：剝床以辨，未有與也。

〔變通〕：本爻變為坎，重卦為蒙。

六二：消滅已經更進一步了，更要保持貞正才能防止凶
　　　險。（凶）

（撲克牌數：8-7-3）〔金錢卦數：666669-三爻〕

六三：剝之，无咎。

〔象曰〕：剝之无咎，失上下也。

〔變通〕：本爻變為艮，重卦為艮。

六三：雖處於剝落的危險狀態，但可以無咎。（平）

（撲克牌數：8-7-4） 〔金錢卦數：666669-四爻〕

六四：剝床以膚，凶。

〔象曰〕：剝床以膚，切近災也。

〔變通〕：本爻變為離，重卦為晉。

六四：好像毀滅已侵入了人體，所以有凶象。（凶）

（撲克牌數：8-7-5）▤ 〔金錢卦數：666669－五爻〕

六五：貫魚以宮人寵，无不利。

〔象曰〕：以宮人寵，終无尤也。

〔變通〕：本爻變為巽，重卦為觀。

六五：如同宮女和妃子一般向上九邀寵，將無往而不利。
　　　　（吉）

（撲克牌數：8-7-6）▤▤〔金錢卦數：666669-上爻〕

上九：碩果不食，君子得輿，小人剝廬。

〔象曰〕：君子得輿，民所載也，小人剝廬，終不可用也。

〔變通〕：本爻變為坤，重卦為坤。

上九： 猶如碩果僅存一般未被摘食，如果君子在此位，好像得到了飛馳的車子一般，若是小人在此位，則剝落毀滅的情況會讓安身之所都不保。（平）

（撲克牌數：8-8） 〔金錢卦數：666666〕

卦二　坤　〔坤坤〕〔地地〕

坤：元亨，利牝馬之貞，君子有攸往，先迷後得，主利。
　　西南得朋東北喪朋，安貞吉。

【彖斷】：至哉坤元，萬物資生，乃順承天。坤厚載物，德
　　　　合无疆，含弘光大，品物咸亨。

【原文】：地勢坤，君子以厚德載物。

【占斷】：服從長上，追從先進，安份守己，可保平安。

　　　　（撲克牌數：8-8-1）〔金錢卦數：666666-初爻〕

初六：履霜，堅冰至。

〔象曰〕：履霜堅冰，陰始凝也。馴致其道，至堅冰也。

初六：當霜在開始凝結時，還未達堅冰的階段。（平）

（撲克牌數：8-8-2）　　〔金錢卦數：666666－二爻〕

六二：直方大，不習，无不利。

〔象曰〕：六二之動，直以方也。不習无不利，地道光也。

〔變通〕：本爻變為坎，重卦為師。

六二：坦直、四方正當的廣大坤德，由於坤地發揮的光耀
　　　　被於萬物，因此即使沒有重新學習，也不會不利。
　　　　（吉）

（撲克牌數：8-8-3）〔金錢卦數：666666-三爻〕

六三：含章可貞，或從王事，无成有終。

〔象曰〕：含章可貞，以時發也；或從王事，知光大也。

〔變通〕：本爻變為艮，重卦為謙。

六三：能人深藏不露，不過份利用其才智，內含謙德之美，一旦時機到來，自然就能被舉出從事領導工作，才真正發揮才幹。（平）

（撲克牌數：8-8-4）☷☶ 〔金錢卦數：666666-四爻〕

六四：括囊，无咎，无譽。

〔象曰〕：括囊无咎，慎不害也。

〔變通〕：本爻變為震，重卦為豫。

六四：不把袋子裏面的東西拿出來，也不從外面加進去任
何東西，意即只要言語行動謹慎小心，就絕不會有
任何麻煩的事發生。當上、下間隔時，縱有才智，
也不便發揮，宜明哲保身，守口如瓶。（平）

（撲克牌數：8-8-5） 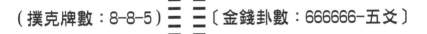 〔金錢卦數：666666-五爻〕

六五：黃裳元吉。

〔象曰〕：黃裳元吉，文在中也。

〔變通〕：本爻變為坎，重卦為比。

六五：黃為金之色，象徵高貴，也是坤之色。惟后則可，
　　　或為攝政，或為輔佐，居尊位而不以君位自尊，乃
　　　終得元吉。（吉）

（撲克牌數：8-8-6）〔金錢卦數：666666-上爻〕

上六：龍戰於野，其血玄黃。

〔象曰〕：龍戰于野，其道窮也。

〔變通〕：本爻變為艮，重卦為剝。

上六：目無乾君，自以為陽，也見疑於陽，故不相從而相
　　　敵，相敵則相爭，相爭則戰，兩敗俱傷，血流遍野，
　　　玄為乾之色，黃為坤之色，天玄地黃。（凶）

表二、卦序與撲克牌數及 69 表示法速查表

☀ 卦序－（撲克數）－〔69 表示法〕

☰ 01 乾	- （1-1）-	〔999999〕
☷ 02 坤	- （8-8）-	〔666666〕
☳ 03 屯	- （4-6）-	〔966696〕
☶ 04 蒙	- （6-7）-	〔696669〕
☵ 05 需	- （1-6）-	〔999696〕
☶ 06 訟	- （6-1）-	〔696999〕

☷ 07 師	- （6-8）-	〔696666〕
☵ 08 比	- （8-6）-	〔666696〕
☰ 09 小畜	- （1-5）-	〔999699〕
☱ 10 履	- （2-1）-	〔996999〕
☷ 11 泰	- （1-8）-	〔999666〕
☰ 12 否	- （8-1）-	〔666999〕

13 同人 - (3-1) - 〔969999〕

14 大有 - (1-3) - 〔999969〕

15 謙　 - (7-8) - 〔669666〕

16 豫　 - (8-4) - 〔666966〕

17 隨　 - (4-2) - 〔966996〕

18 蠱　 - (5-7) - 〔699669〕

19 臨　 - (2-8) - 〔996666〕

20 觀　 - (8-5) - 〔666699〕

21 噬嗑 - (4-3) - 〔966969〕

22 賁　 - (3-7) - 〔969669〕

23 剝　 - (8-7) - 〔666669〕

24 復　 - (4-8) - 〔966666〕

25 无妄 - (4-1) - 〔966999〕

26 大畜 - (1-7) - 〔999669〕

27 頤　 - (4-7) - 〔966669〕

28 大過 - (5-2) - 〔699996〕

☵ 29 坎 - (6-6) - 〔696696〕

☲ 30 離 - (3-3) - 〔969969〕

31 咸 - (7-2) - 〔669996〕

32 恒 - (5-4) - 〔699966〕

33 遯 - (7-1) - 〔669999〕

34 大壯 - (1-4) - 〔999966〕

35 晉 - (8-3) - 〔666969〕

36 明夷 - (3-8) - 〔969666〕

37 家人 - (3-5) - 〔969699〕

38 睽 - (2-3) - 〔996969〕

39 蹇 - (7-6) - 〔669696〕

40 解 - (6-4) - 〔696966〕

41 損 - (2-7) - 〔996669〕

42 益 - (4-5) - 〔966699〕

43 夬 - (1-2) - 〔999996〕

44 姤 - (5-1) - 〔699999〕

䷬ 45 萃	- (8-2) -	〔666996〕
䷭ 46 升	- (5-8) -	〔699666〕
䷮ 47 困	- (6-2) -	〔696996〕
䷯ 48 井	- (5-6) -	〔699696〕
䷰ 49 革	- (3-2) -	〔969996〕
䷱ 50 鼎	- (5-3) -	〔699969〕
䷲ 51 震	- (4-4) -	〔966966〕
䷳ 52 艮	- (7-7) -	〔669669〕
䷴ 53 漸	- (7-5) -	〔669699〕
䷵ 54 歸妹	- (2-4) -	〔996966〕
䷶ 55 豐	- (3-4) -	〔969966〕
䷷ 56 旅	- (7-3) -	〔669969〕
䷸ 57 巽	- (5-5) -	〔699699〕
䷹ 58 兌	- (2-2) -	〔996996〕
䷺ 59 渙	- (6-5) -	〔696699〕
䷻ 60 節	- (2-6) -	〔996696〕

61 中孚 -（2-5）-〔996699〕

62 小過 -（7-4）-〔669966〕

63 既濟 -（3-6）-〔969696〕

64 未濟 -（6-3）-〔696969〕

表三、本卦與錯卦、綜卦、互卦對照表

本卦	錯卦	綜卦	互卦
1-1 ䷀ 999999-01 乾	8-8 ䷁ 666666-02 坤	1-1 ䷀ 999999-01 乾	1-1 ䷀ 999999-01 乾
1-2 ䷪ 999996-43 夬	8-7 ䷖ 666669-23 剝	5-1 ䷫ 699999-44 姤	1-1 ䷀ 999999-01 乾
1-3 ䷍ 999969-14 大有	8-6 ䷇ 666696-08 比	3-1 ䷌ 969999-13 同人	1-2 ䷪ 999996-43 夬
1-4 ䷡ 999966-34 大壯	8-5 ䷓ 666699-20 觀	7-1 ䷠ 699999-33 遯	1-2 ䷪ 999996-43 夬
1-5 ䷈ 999669-09 小畜	8-4 ䷏ 666966-16 豫	2-1 ䷉ 996999-10 履	2-3 ䷥ 996969-38 睽
1-6 ䷄ 999696-05 需	8-3 ䷢ 666969-35 晉	6-1 ䷅ 696999-06 訟	2-3 ䷥ 996969-38 睽
1-7 ䷙ 999669-26 大畜	8-2 ䷬ 666996-45 萃	4-1 ䷘ 969999-25 无妄	2-4 ䷵ 996966-54 歸妹

本卦	錯卦	綜卦	互卦
1-8 999666-11 泰	8-1 666999-12 否	8-1 666999-12 否	2-4 996966-54 歸妹
2-1 996999-10 履	7-8 669666-15 謙	1-5 999699-09 小畜	3-5 969699-37 家人
2-2 996996-58 兌	7-7 669669-52 艮	5-5 699699-57 巽	3-5 969699-37 家人
2-3 996969-38 睽	7-6 669696-39 蹇	3-5 969699-37 家人	3-6 969696-63 既濟
2-4 996966-54 歸妹	7-5 669699-53 漸	7-5 669699-53 漸	3-6 969696-63 既濟
2-5 996699-61 中孚	7-4 669966-62 小過	2-5 996699-61 中孚	4-7 966669-27 頤
2-6 996696-60 節	7-3 669969-56 旅	6-5 696699-59 渙	4-7 966669-27 頤
2-7 996669-41 損	7-2 669996-31 咸	4-5 966699-42 益	4-8 966666-24 復

本卦	錯卦	綜卦	互卦
2-8 996666-19 臨	7-1 669999-33 遯	8-5 666699-20 觀	4-8 966666-24 復
3-1 969999-13 同人	6-8 696666-07 師	1-3 999969-14 大有	5-1 699999-44 姤
3-2 969996-49 革	6-7 696669-04 蒙	5-3 999969-50 鼎	5-1 699999-44 姤
3-3 969969-30 離	6-6 696696-29 坎	3-3 969969-30 離	5-2 699996-28 大過
3-4 969966-55 豐	6-5 696699-59 渙	7-3 669969-56 旅	5-2 699996-28 大過
3-5 969699-37 家人	6-4 696966-40 解	2-3 996969-38 睽	6-3 696969-64 未濟
3-6 969696-63 既濟	6-3 696969-64 未濟	3-3 696969-64 未濟	6-3 696969-64 未濟
3-7 969669-22 賁	6-2 696996-47 困	4-3 966969-21 噬嗑	6-4 696966-40 解

本卦	錯卦	綜卦	互卦
3-8 969666-36 明夷	6-1 696999-06 訟	8-3 666969-35 晉	6-4 696966-40 解
4-1 966999-25 无妄	5-8 699666-46 升	1-7 999669-26 大畜	7-5 669699-53 漸
4-2 966996-17 隨	5-7 699669-18 蠱	5-7 699669-18 蠱	7-5 669699-53 漸
4-3 966969-21 噬嗑	5-6 699696-48 井	3-7 969669-22 賁	7-6 669696-39 蹇
4-4 966966-51 震	5-5 699699-57 巽	7-7 669699-52 艮	7-6 669696-39 蹇
4-5 966699-42 益	5-4 699966-32 恒	2-7 996669-41 損	8-7 666669-23 剝
4-6 966696-03 屯	5-3 699969-50 鼎	6-7 696669-04 蒙	8-7 666669-23 剝
4-7 966669-27 頤	5-2 699996-28 大過	4-7 966669-27 頤	8-8 666666-02 坤

本卦	錯卦	綜卦	互卦
4-8 966666-24 復	5-1 699999-44 姤	8-7 666669-23 剝	8-8 666666-02 坤
5-1 699999-44 姤	4-8 966666-24 復	1-2 999996-43 夬	1-1 999999-01 乾
5-2 699996-28 大過	4-7 966669-27 頤	5-2 699996-28 大過	1-1 999999-01 乾
5-3 699969-50 鼎	4-6 966696-03 屯	3-2 969996-49 革	1-2 999996-43 夬
5-4 699966-32 恒	4-5 966699-42 益	7-2 669996-31 咸	1-2 999996-43 夬
5-5 699699-57 巽	4-4 966966-51 震	2-2 996996-58 兌	2-3 996969-38 睽
5-6 699696-48 井	4-3 966969-21 噬嗑	6-2 696996-47 困	2-3 996969-38 睽
5-7 699669-18 蠱	4-2 966996-17 隨	4-2 966996-17 隨	2-4 996966-54 歸妹

本卦	錯卦	綜卦	互卦
5-8 699666-46 升	4-1 966999-25 无妄	8-2 666996-45 萃	2-4 996966-54 歸妹
6-1 696999-06 訟	3-8 969666-36 明夷	1-6 999696-05 需	3-5 969699-37 家人
6-2 696996-47 困	3-7 969669-22 賁	5-6 699696-48 井	3-5 969699-37 家人
6-3 696969-64 未濟	3-6 969696-63 既濟	3-6 969696-63 既濟	3-6 969696-63 既濟
6-4 696966-40 解	3-5 969699-37 家人	7-6 669696-39 蹇	3-6 969696-63 既濟
6-5 696699-59 渙	3-4 969966-55 豐	2-6 996696-60 節	4-7 966669-27 頤
6-6 696696-29 坎	3-3 969969-30 離	6-6 696696-29 坎	4-7 966669-27 頤
6-7 696669-04 蒙	3-2 969996-49 革	4-6 966696-03 屯	4-8 966666-24 復

本卦	錯卦	綜卦	互卦
6-8 696666-07 師	3-1 969999-13 同人	8-6 666696-08 比	4-8 966666-24 復
7-1 669999-33 遯	2-8 996666-19 臨	1-4 999966-34 大壯	5-1 699999-44 姤
7-2 669996-31 咸	2-7 996669-41 損	5-4 699966-32 恒	5-1 699999-44 姤
7-3 669969-56 旅	2-6 996696-60 節	3-4 969966-55 豐	5-2 699996-28 大過
7-4 669966-62 小過	2-5 996699-61 中孚	7-4 669966-62 小過	5-2 699996-28 大過
7-5 669699-53 漸	2-4 996966-54 歸妹	2-4 996966-54 歸妹	6-3 696969-64 未濟
7-6 669696-39 蹇	2-3 996969-38 睽	6-4 696966-40 解	6-3 696969-64 未濟
7-7 669669-52 艮	2-2 996996-58 兌	4-4 966966-51 震	6-4 696966-40 解

本卦	錯卦	綜卦	互卦
7-8 669666-15 謙	2-1 996999-10 履	8-4 666966-16 豫	6-4 696966-40 解
8-1 666999-12 否	1-8 999666-11 泰	1-8 999666-11 泰	7-5 669699-53 漸
8-2 666996-45 萃	1-7 999669-26 大畜	5-8 699666-46 升	7-5 669699-53 漸
8-3 666969-35 晉	1-6 999696-05 需	3-8 969666-36 明夷	7-6 669696-39 蹇
8-4 666966-16 豫	1-5 999669-09 小畜	7-8 669666-15 謙	7-6 669696-39 蹇
8-5 666669-20 觀	1-4 999966-34 大壯	2-8 996666-19 臨	8-7 666669-23 剝
8-6 666696-08 比	1-3 999969-14 大有	6-8 696666-07 師	8-7 666669-23 剝
8-7 666669-23 剝	1-2 999996-43 夬	4-8 966666-24 復	8-8 666666-02 坤

本卦	錯卦	綜卦	互卦
8-8 ☷ 666666-02 坤	1-1 ☰ 999999-01 乾	8-8 ☷ 666666-02 坤	8-8 ☷ 666666-02 坤

國家圖書館出版品預行編目資料

易占隨身手冊 / 蘇勝宏作. -- 初版.
 -- 新北市：華志文化, 2012.04
   面；　公分. -- (口袋書；1)

 ISBN 978-986-88042-4-1 (平裝)

 1. 易占　2. 撲克牌

292.1   101003216

華志文化事業有限公司

系列／口袋書 [0][0][1]

書名／易占隨身手冊

作　　者　蘇勝宏

社　　長　楊凱翔

出 版 者　華志文化事業有限公司

電子信箱　huachihbook@yahoo.com.tw

地　　址　[1][1][6]台北市興隆路四段九十六巷三弄六號四樓

電　　話　02-29105554

總經銷商　旭昇圖書有限公司

地　　址　[2][3][5]新北市中和區中山路二段三五二號二樓

電　　話　02-22451480

傳　　真　02-22451479

郵政劃撥　戶名：旭昇圖書有限公司（帳號：12935041）

出版日期　西元二〇一二年四月初版第一刷